습관은 어떻게 인생이 되는가

강이든 지음

프롬북스
frombooks

고민이 많았다. 가슴 속에 정체 모를 답답함과 공허함이 가득 차 있고, 달라지고 싶고 변화하고 싶은데 도대체 무엇을 어떻게 해야 할 지 몰랐다. 이렇게 열심히만 하면 괜찮은 것일까? 미래는 불확실해 보이고, 나와는 전혀 상관없는 사람들의 성공 이야기가 들려왔다. 그냥 이대로 살고 싶지는 않았다. 진짜 원하는 삶을 살고 싶었다.

그나마 다행인 것은 이런 고민을 조금 일찍 시작했다는 것이다. 항상 생각했고 나만의 길을, 성공을 찾으려 노력했다. 이 책에서 소개하는 열 가지 습관들은, 인생을 스스로 선택하고 바꾸기 위해 부단히 노력한 결과물이다. 나만의 작은 성공을 만들어가며 직접 경험하고 몸으로 부딪히며 스스로 터득한 나만의 인생 비법이다.

이 습관들은 변화와 발전의 기본기와 같다. 운동에도 기본기가 중요하듯, 자신을 계발하는 데에도 기본기가 꼭 필요하다. 성공한 사람들의 이야기를 아무리 많이 읽어도 변하지 않는 이유 또한 기본기가 없기 때문이다. 나와 같은 고민을 품고 있는 사람이라면 이 열 가지 습관이 분명 도움이 될 것이다. 정답을 줄 수는 없다. 다만, 이 습관들이 스스로 답을 찾을 수 있게 도와줄 것이다. 최대한 쉽게 쓰려 노력했고 단 한 가지 습관이라도 도움이 되길 바라는 간절한 마음으로 이 책을 썼다.

꼭 순서대로 읽을 필요는 없다. 각 장은 독립적이다. 마음 가는 부분부터 읽어도 좋다. 책을 읽으면서 마음에 와 닿은 습관이 있다면 머리로만 끄덕이지 말고 제발 꼭 실천하길 바란다. 실제 행동하지 않으면 아무 변화도 일어나지 않는다. 행동을 할 때 비로소 당신의 삶은 움직이기 시작한다. 내 생각을 억지로 강요하고 싶은 생각은 없다. 그저 이 책을 선택한 당신이 나와 함께 자신만의 성공을 만들어가는 동반자가 되었으면 좋겠다. 더불어 이 책이 누군가에겐 반드시 도움이 될 수 있다는 믿음의 증거가 바로 당신이었으면 좋겠다.

2019년 6월 서재에서
사랑하는 아내이자 은찬이 엄마 '유희'를 생각하며
강이든

"우리가 반복적으로 하는 행동이 바로 우리가 누구인지 말해준다. 그러므로 중요한 것은 행위가 아니라 습관이다"

_아리스토텔레스

"인생은 결국 습관이다. 그러므로 어떤 습관을 내 것으로 만드느냐가 인생 최대의 과제이다."

_빌 게이츠

1. 독서

다른 사람의 경험을
읽고 또 읽는다

책 속 한 문장에 심장이 덜컹거린 적 있나요?

시간이 없어서가 아니라
습관을 안 들여서

우리나라 성인들은 얼마큼 책을 읽을까? 문화체육관광부에서 2년마다 실시하는 독서실태조사에 따르면 2017년 한 해 동안 연평균 독서율이 59.9퍼센트로 집계됐다. 이는 1년 동안 책을 단 한 권이라도 읽은 성인이 열 명 중 여섯 명밖에 안 된다는 뜻이다. 1994년부터 실시한 조사결과 중 가장 낮은 수치다. 연평균 독서량을 보면 2017년 기준 성인 1인당 8.3권이다. 한 달에 한 권도 안 읽는 수준이다. 이에 반해 미국은 한 달 평균 6.6권, 일본은 6.1권, 그리고 중국은 2.1권이다. 모두 우리나라보다 월등히 앞선다.

성인 독서인구의 독서량만 놓고 본다면 연평균 13.8권으로 한 달한 권보다 조금 더 읽는 것으로 보인다. 하지만 여전히 다른 나라들에 비해 매우 낮은 수치이다. 또한 이 결과는 읽는 사람일수록 더 읽는 현상을 보여주는 것으로도 분석할 수 있는데, 결국 독서에도 양극화 현상이 일어난다고 볼 수 있다.

그렇다면 책을 읽지 않는 이유는 무엇일까? 조사결과 32.2퍼센트가 일이나 공부 때문에 시간이 없어서, 21.1퍼센트는 책을 읽기 싫고 습관이 들지 않아서라고 대답했다. 여기서 시간이 없어서 책을 읽지 않는다는 것은 다시 생각해보아야 한다. 일평균 독서시간이 20분 정도밖에 되지 않는 것에 비해, 2016년 와이즈앱에서 발표한 일평균 스마트폰 사용시간은 거의 세 시간에 달하기 때문이다. 스마트폰으로 무언가를 읽을 것도 독서행위라 생각할 수도 있겠지만 글쎄다. 똑같은 글을 스마트폰으로 읽은 것보다 인쇄된 종이로 읽었을 때 40퍼센트 정도 더 높은 이해, 기억, 응용 능력을 보인다고 하니 결국 스마트폰으로는 글을 읽는 것이 아니라 그저 보는 것에 가깝다고 할 수 있다.

더 큰 문제가 있다. 습관이 들지 않았다는 대답이다. 부모가 매일 책 읽는 모습을 보고 자라거나 어릴 적 책 읽는 재미를 알게 된 학생들은 성인이 되어서도 독서습관을 가지고 있을 확률이 높다. 그러나 대부분의 학생들은 문제집과 참고서 말고는 책을 거의 읽지 않는다. 이런 학생들은 성인이 되어서도 독서의 필요성 자체를 느끼지도 못하고 독서습관을 들이지 못해 어려움을 겪는다.

그럼 어떻게 해야 책 읽기에 흥미를 붙이고 독서습관을 들일 수 있을까?

1년에 책 한 권 안 읽던 나,
어떻게 독서에 재미를 붙였을까?

책 읽기에 재미를 붙이기 위해서는 우선 쉽고 재미있는 책을 읽어야 한다. 재미있는 소설이나 가벼운 내용의 에세이로 시작하면 좋다. 나 역시 고등학생이 되기 전까지는 1년에 책 한 권도 읽지 않는 평범한(?) 학생이었다. 그러던 내가 고등학교에 들어간 뒤 하루에 책 한 권을 독파하는 놀라운 경험을 처음으로 하게 되었다.

그 첫 책은 이집트의 역사적 사실을 기반으로 쓰인 『람세스』라는 소설이었다. 숨 막히는 전개와 예상치 못한 반전이 돋보이는 탄탄한 스토리에 매료됐다. 다음 이야기가 궁금해 손에서 책을 놓지 못할 정도였다. 모두 다섯 권에 달하는 방대한 시리즈였음에도 도서관에 다음 책이 들어오기를 기다려 들어오는 즉시 대여해 단숨에 읽어나갔다. 그렇게 나는 처음으로 책 읽기의 재미를 느끼게 되었고, 이후 같은 저자의 다른 소설들도 찾아 읽었다. 생각해보면 그때까지만 해도 오로지 재미에 집중된 책 읽기였다.

독서다운 독서습관을 들이게 된 계기는 따로 있다. 첫눈에 반한 것처럼 책을 읽다가 심장이 덜컹거린 경험을 했기 때문이다. 내가 다니던 고등학교는 자율형 사립고로서 전교생이 360명쯤 되는 작은 학교였다. 학교에서는 매년 사흘간 수업을 전폐하고 진행되는 봄예술제(체육대회)와 이틀 동안 각 반의 합창과 연극으로 이루어지는 가을예술제가 열렸다. 겨울에 첫눈이 오면 인근 야산으로 토끼몰이를 나가기도 했다. 학교는 학생들의 주도적인 행사 주최와 참여를 중요시했고, 교복도 없었으며, 전교생이 거의 학원을 다니지 않고 기숙사에서 살았다. 명문대 진학률 또한 좋은 편이어서 전국에서 많은 학생들이 몰려들었다. 그 결과, 공부를 잘하는 학생들이 많이 모였고 자연스레 알아서 열심히 공부하는 학업 분위기가 만들어졌다.

하지만 나는 공부에는 큰 관심이 없었고 대신 학생회 총무부를 맡아 여러 학교 행사를 주도했다. 학보사 활동으로 학교신문을 만들기도 했다. 3학년 때는 다들 부담스러워 하던 반장을 맡았다. 야간자율학습 시간에는 마음이 맞는 친구와 기숙사 옥상에 올라 운동장을 내려다보며 이런저런 고민과 개똥철학을 나눴다.

그러다 어느 날 마음속에 강한 의문이 들었다. 모두가 열심히 공부해서 명문대를 가려고 한다. 좋은 직장에 들어가 많은 연봉을 받길 바란다. 결국 성공하기 위해서다. 그런데 진짜 성공이란 무엇일까? 명문대에 들어가고 좋은 직장에 들어가 많은 돈을 버는 것이 진짜 성공일까?

한 문장을 만날 때까지만
버티자

해답을 구하기 위해 고민과 탐색을 계속했지만 마음에 드는 답을 쉽사리 찾지는 못했다. 그렇게 시간은 흘렀고, 어느 날 우연히 도서관에서 이원익 작가의 『비상』이라는 책을 보게 됐다. 책에는 다음과 같이 적혀 있었다.

"이 일이 전망이 얼마나 좋은가, 얼마나 많은 부와 명예를 가져다줄 것인가, 하는 얕은 생각이 아닌, 내 인생을 걸어도 좋을 만큼 행복한 일인가에 답할 수 있는 것을 나는 꿈이라고 부르고 싶다."

누군가 나에게 그 일을 왜 하냐고 물을 때 좋아서 한다고 대답할 수 있는 일, 그 일을 하면서 사는 것이 진정한 성공이라고 나에게 말하고 있었다. 그 문장을 보는 순간 심장이 덜컹 내려앉았다. 입가에는 미소가 지어졌다. 그토록 오랜 시간 고민했던 물음의 대답을 찾았던 것이다. 나는 책의 힘을 마음 깊이 느꼈다.

이후 소설뿐 아니라 인생 이야기가 담긴 많은 다양한 책들을 읽게 되었다. 책을 읽을 때의 마음과 상황에 따라 여러 문장들이 가슴을 파고들었다. 이병률 작가의 『끌림』에서 "사랑을 하면 마음이 엉키죠. 하지만 그대로 놔두면 돼요. 마음이 엉키면 그게 바로 사랑이죠"라는 문장을 보고 며칠 밤을 설렌 마음으로 지새우기도 했다. 진로에 대한 의심이 들고 지쳤을 때도 책 속 문장들에서 힘을 얻었다. 그중 하나는 파울로 코엘료의 『승자는 혼자다』에 나오는 문장이다. "계속 나아가세요. 확신이 들지 않을지라도 계속 가세요. 신은 언제나 인간을 신비로운 방식으로 인도하고, 길은 당신이 걷기 시작할 때 비로소 모습을 드러내는 법이니까요."

이처럼 책 속 한 문장에 웃고 울고 삶의 에너지를 얻는 경험을 하게 된다면 누가 강요하지 않아도 책을 읽게 된다. 책의 진정한 힘과 독서의 기쁨을 알게 되는 첫걸음은 바로 책 속 한 문장을 통해서다.

돈과 시간으로부터 자유로운 삶을 꿈꾼다면, 지긋지긋한 일상에서 벗어나고 싶다면 독서습관부터 만들어보자. 독서습관 없이는 변할 수도 없고 성공할 수도 없다. 책 속에서 내 마음을 울리는 한 문장을 만날 때까지만 버텨보자. 도무지 책 읽는 습관이 들지 않는 당신에게 지금 필요한 것은 바로 책 속의 그 한 문장이다. 평소에 마음속에 삶에 대한 질문과 고민을 품고 그 해답을 책 속에서 찾아보자. 책 속 그 한 문장이 독서습관을 가져다줄 뿐만 아니라 인생의 모든 것을 바꾸어줄 것이다.

다른 인생을
경험해볼 수 있는
최고의 방법

늘 새로운 경험에
갈급했다

언제부터인가 하고 싶은 것이 많아졌다. 원하는 무엇이든 할 수 있다고 생각했고, 더 넓은 세상을 경험해보기를 갈망했다. 다양한 방식으로 살아가는 사람들을 보면 한 번뿐인 단조로운 인생이 더 짧게 느껴졌다. 하고 싶은 것이 너무 많아서 가슴이 두근거렸다. 그러한 증상은 대학에 들어가면서 절정에 달했다.

대학생이 된 3월의 어느 날, 푸르른 교정을 거닐며 신입생이라는 이름으로 매일 새로운 환경, 새로운 친구들을 만났다. 자동차를 좋아해서 기계자동차공학을 전공하게 되었지만 막상 학교에 들어오니 공부해보고 싶은 다른 것들이 너무 많았다. 전자기기도 좋아하기에 전기공학과 컴퓨터공학도 공부해보고 싶었고 평생 영업일을 하셨던 아버지 밑에서 자라서인지 경영학에도 관심이 갔다. 시험만 치렀다 하면 만점이었던 지구과학도 다시 떠올라 천문학자의 꿈을 꾸기도 했다.

공부만이 아니라 하고 싶은 활동들도 많았다. 새 학기가 시작되어 교정 곳곳에서 많은 동아리들이 신입생을 모집했다. 평소 해보고 싶던 패러글라이딩 동아리, 천문대를 다니며 별을 관측하는 천체 동아리, 로봇을 만드는 로봇 동아리까지 관심을 끄는 것들이 너무나 많았다. 할 수만 있다면 공부는 제쳐두고 동아리 활동만 하고 싶을 정도였다. 곧 그중에 내 눈을 사로잡은 자작자동차 동아리는 다른 무엇보다 유난히 나의 열정을 끓어오르게 만들었다. 덕분에 대학생활의 8할 이상을 자작자동차 동아리에 쏟았고, 그때의 경험은 졸업 후 엔지니어로 일할 수 있게 한 원동력이 되어주었다.

새로운 것을 해보고 싶은 마음이 들면 여건이 허락하는 한 무조건 경험해보는 것이 좋다는 것을 몸으로 배웠다. 그런 생각은 군 입대를 앞두고 선택의 기준이 되었다. 군대 경험도 해보고 싶었지만 그보다는 졸업하고 나서 겪게 될, 흔히들 말하는 사회생활이라는 것이 어떤 것인지 미리 경험해보고 싶은 마음이 컸다. 병무청에서 지정한 업체에서 산업기능요원으로 일하며 대체복무를 할 수 있다는 것을 알게 되었다. 자격조건을 갖추기 위해 1년간 학원을 다니면서 국가기술자격증을 준비했다.

마침내 운 좋게도 울산에 있는 어느 한 병역지정업체에서 3년간 산업기능요원의 신분으로 사회생활을 경험해볼 수 있었다. 그 3년 간의 사회생활은 기대와는 달리 매우 힘들고 암울한 시간이었다. 수직적이고 강압적인 조직문화 속에 매일 야근이 이어졌지만 군인이 라는 신분 때문에 불만 한 번 제기할 수 없었다.

책에는
수많은 경험이 녹아 있다

"경험은 다시없는 교훈이며 교사이다. 돈을 주고도 살 수 없는 소중한 것이기 때문이다. 또한 경험은 가장 좋은 벗이기도 훌륭한 안내자이기도 하다. 그래서 모든 사람이 중요하게 여긴다." 영국의 비평가이자 역사가인 토머스 칼라일의 말이다. 그의 말처럼 나 역시 어느 순간부터 스스로를 '경험주의자' 라 부를 정도로 경험을 중요하게 여기게 되었다.

그러나 시간과 경제력 등 여건이 한정적이어서 원한다고 모든 것을 경험할 수는 없다. 회사를 다니면서 자유로운 여행자처럼 모든 곳을 다닐 수 없고, 관심이 간다고 회사를 당장 그만두고 다른 일자리를 선택하는 것도 무모하다. 그렇다면 다양한 경험을 하려면 어떻게 해야 할까?

간단하다. 직접경험을 하기 전에 간접경험을 해보는 것이다. 직접 경험은 내가 어떠한 활동에 직접 몸으로 부딪혀 참여하는 것을 말한다. 무언가를 배우고 싶으면 직접 돈을 내고 배우거나 모임에 참여하는 것이다. 그에 반해 간접경험은 몸으로 부딪쳐 참여하지 않고 관찰하거나 관련 정보를 습득함으로써 말 그대로 간접적으로 경험하는 것을 말한다. 다른 사람에게 설명을 듣거나, 경험담을 듣거나, 영상을 보는 것 등이 해당한다. 그중에서도 가장 효과적인 간접경험은 독서가 아닐까 싶다.

책에는 그 책의 저자가 고스란히 녹아 있다. 소설을 제외한 대부분의 책들은 모두 경험이든 지식이든 작가 본인에 대한 내용으로 채워져 있다. 책 한 권을 쓴다는 것은 상상하기 힘들 만큼 피나는 노력과 정성을 요구한다. 그런 지극정성으로 돌보아 탄생된 한 권의 책을 채 2만 원도 되지 않는 돈으로 사서 읽을 수 있다는 것은 세상에서 가장 가성비 좋은 경험이 아닐 수 없다.

이런 생각이 들고 나서는 무언가를 배우거나 실천에 옮기기 전에 반드시 그것과 관련된 책을 찾아보는 습관이 생겼다. 검도를 배울 때도 도장에 등록하기 전에 검도교본을 사서 읽었고 스노보드를 얼떨결에 처음 타게 되고 나서도 관련 교본을 사서 읽었다. 모터사이클에 한창 빠져 지낼 때도 우선은 세계에서 가장 유명한 모터사이클 교본을 사서 읽는 것으로 그 취미를 시작했다. 이렇게 하면 적은 비용으로 유능하고 친절한 개인코치에게서 관련 취미들을 직접 배우는 것과 같다. 책을 보면서 마음이 바뀌는 경우라면 그때 그만두

면 된다. 많은 돈을 들여 무언가를 시작했다가 중간에 포기하는 것
보다는 백배 낫다.

 책을 읽으면 지식과 정보를 얻을 수 있을 뿐만 아니라 한 사람의
직접적인 경험을 간접적으로 체험할 수 있다. 대표적인 것이 에세이
다. 저자의 일상과 생각을 정성스레 담아놓은 책을 읽다 보면 작가
의 남다른 생각에 공감하기도 하고 기쁨과 슬픔에 같이 행복해하고
같이 울기도 한다. 여행 이야기가 담긴 책을 읽으면 비싼 돈과 시간
을 들이지 않고도 저자가 다녀온 곳을 마치 같이 다녀온 듯한 느낌
을 받게 된다. 요즘에는 여행을 다루는 TV프로그램들도 많지만 그
것이 화려한 모습만 보여주는 하룻밤의 파티와 같다면, 책은 아침에
일어나 부스스한 행색부터 열심히 일하는 모습, 그리고 혼자 하는
생각, 고뇌와 기쁨 등 모든 것을 진솔하고 담담하게 담아내는 다큐
멘터리와 같다. 그렇기에 우리는 책을 통해 한 사람의 진정한 경험
과 생각을 제대로 알 수 있는 것이다.

책에서
답을 찾다

                한번은 유럽으로 자동차여행을 해보
고 싶다는 생각에 『캠핑카 타고 유럽여행』이라는 책을 읽었다. 그리
고 그 책으로부터 용기를 얻어 형과 사촌동생 넷을 데리고 한 달간

자동차로 유럽을 돌아다녔다. 이 여행에서 배운 중요한 것들 중 하나는, 간접경험에서 그치지 않고 그것을 나의 직접경험으로 만든다면 더할 나위 없이 좋다는 것이다. 실제로 그것이 나의 인생을 바꿨기 때문이다.

나는 이른바 성공한 사람들의 책을 즐겨 읽는다. 그들이 평생 피땀 흘려 노력해 성취해낸 성공의 노하우와 실패의 교훈들이 고스란히 담겨져 있기 때문이다. 서점에 가보면 어느 한 분야에서 눈부신 성취를 이룬 사람들이 모두 자신의 경험과 지식을 아낌없이 나누어주고 있다. 우리가 해야 할 것은 그들의 경험을 독서를 통해 배우는 것이다.

자신의 꿈, 이루고 싶은 삶의 모습, 성취해야 할 목표가 명확하지 않을 때도 책을 통한 간접경험은 큰 도움이 된다. 책 속에 담긴 작가의 생각과 인생을 보며 자신도 몰랐던 재능, 흥미, 적성을 발견할 수 있기 때문이다. 물론 단번에 그 해답을 찾기는 어렵다. 그러나 꾸준히 책을 통해 간접경험을 하다 보면 반드시 그 속에서 자신이 원하는 모습, 인생의 방향을 찾을 수 있다.

장동석 작가의 『살아있는 도서관』에는 그가 길담서원 대표인 박성준 선생과 나눈 이야기가 실려 있다. 책에서 찾는 '더디게 가는 지름길'이라며 박성준 선생은 다음과 같이 이야기한다.

"길을 잃었고 다시 찾아야 하는 때인데, 그럼 길 찾기는 어떻게 할 것인가? 지금 서 있는 곳에 대한 정의가 먼저 이루어져야 하는데, 해답은 역시 인문학이라고 생각했습니다. 길을 잃었으면 다시 책 읽기부터 시작해야 합니다."

책 읽기를 통해 길을 찾는다는 것은 곧 독서를 통한 간접경험으로 배우는 것을 말한다. 인생이 막막하거나 진로가 고민되는데 도무지 그 해답이 보이지 않을 때에도 가장 좋은 해결방법은 독서다. 책 속에 담긴 많은 사람들의 다양한 지식과 경험을 통해 원하는 길을 반드시 찾을 수 있다. 그 길을 통해 당신이 원하는 꿈이 이루어지기를 응원한다.

평생
내 것으로 만드는
차별화 전략

한 사람의 인생은
그가 읽은 것을 반영한다

유명 편집자이자 작가인 조지프 엡스타인은 "작가의 전기를 쓰려면 그가 언제 무엇을 읽었는지 상세하게 다루어야 한다. 어떤 의미에서 그 사람은 그가 읽은 것을 반영하기 때문이다"라고 말했다. 어떤 책을 읽느냐에 따라 그 사람의 인생이 바뀐다는 것이다. 우리의 오늘 하루, 한 달, 그리고 1년은 우리가 어떤 책을 읽고 있는가에 따라 달라진다. 책을 읽지 않으면 그저 살던 대로 살 테니 말할 가치도 없다.

여론조사에 따르면 단순히 책을 읽는 것만으로도 이성에게 매력적으로 보일 수 있다고 한다. 성인 열 명 중 일곱은 책을 읽는 사람이 더 매력적이라고 생각했으며 그 성향은 연령대를 불문하고 비슷했다. 그만큼 사람들은 책에 대해서 긍정적인 이미지를 가지고 있지만 아이러니하게도 책을 읽지는 않는다. 독서의 가치를 모르거나 먹고사는 일로 여력이 없어서일 것이다.

그럼에도 바쁜 시간을 쪼개 없는 시간이라도 만들어 책을 읽어야 한다. 독서는 인생을 바꾸는 첫걸음이자 가장 확실하고도 강력하게 인생을 바꾸는 수단이기 때문이다. 책을 읽지 않는 사람은 책을 읽는 사람을 어떻게 해도 이길 수 없다. 책을 읽어나가기 시작하면서부터 비로소 다른 사람들과 차별화되기 때문이다.

1890년 설립 후 30여 년간 삼류대학이라 평가받았던 시카고 대학교는 1929년 로버트 허친스 박사가 5대 총장으로 취임하고 나서 큰 변화를 맞이했다. 그는 기존 교과 방식과는 달리 고전 100권을 완벽히 읽고 이해한 학생들만 졸업할 수 있는 '시카고 플랜'을 실행했다. 이 많은 책들을 다 읽으려면 학생들은 대학시절 대부분을 독서에 매진해야 했는데 그 과정에서 독서를 통해 어떻게 어려움을 극복하고 꿈을 이루는지를 배웠다.

그 결과, 시카고 대학교는 지금까지 노벨상 수상자를 91명이나 배출한 명문 대학이 되었다. 이 모든 것은 바로 책을 읽기 시작하면서부터 시작된 것이다. 책을 많이 읽는 사람 중에 노벨상을 타지 못한 사람은 있지만, 노벨상을 탄 사람 중에 책을 많이 읽지 않는 사람은 없을 것이다.

독서습관을
들이는 방법

노벨상 수상자뿐이겠는가. 누구든지 꾸준히 책을 읽으면 결국에는 인생이 바뀐다. 독서습관이 없는 사람이라면 우선 일주일에 책 한 권 읽는 데서부터 시작해보자. 일주일에 한 권씩 읽는 습관을 1년 동안 유지하는 것을 첫 목표로 세워보는 것이다. 한 달이면 네 권, 1년이면 거의 50권 정도 읽을 수 있다. 너무 어렵다고 느껴진다면 한 달에 두 권을 목표로 삼아도 좋다. 처음부터 무리하지 말고 자기 수준에 맞게 목표를 잡는 것이 중요하다. 우리 일상에 숨어 있는 1분, 5분을 모두 긁어모아 책 읽는 데 사용해야 한다.

1년 동안 꾸준히 노력하면 독서습관이 자연스레 자리 잡을 것이다. 일단 독서습관이 생기기 시작하면 자신에게 부여된 일생의 신화, 삶의 목표, 혹은 잘 몰랐던 진짜 자신이나 새로 생긴 사고방식을 발견할 수 있을 것이다. 그 과정에서 중요한 것은 책을 몇 권 읽었느냐가 아니다. 책의 내용을 이해하고 흡수할 때 비로소 자신을 성장시키는 독서가 된다. 이를 위해 책을 읽으면서 동시에 그 내용을 되새기는 서평 쓰기, 또는 자신만의 방법으로 내용을 다시 요약 정리하기 등의 과정을 반드시 거쳐야 한다.

구체적으로 설명하자면, 책을 읽다가 왠지 가슴을 울리거나 격하게 공감 가는 문장, 고개를 갸우뚱하게 하는 글귀가 있으면 표시를 해놓는다. 책 모퉁이를 접어도 좋고, 포스트잇을 붙이거나 아무 종이나 찢어 꺼놓아도 좋다. 책을 다 읽고 나서 표시를 해놓은 부분들을 다시 읽어본다. 그중에는 책을 다 읽고 나니 의문이 해소된 것도 있을 테고, 읽을 때와는 다르게 감흥이 없어진 글귀도 있을 것이다. 그중에서 여전히 나의 가슴을 울리거나 생각을 거듭하게 하는 문장들이 추려졌다면 그것들을 다른 노트에 그대로 옮겨 적자.

 다 옮겨 적었으면 책에 대한 나의 전반적인 생각을 써보자. 짧아도 괜찮다. 조금 어려웠다거나 아니면 생각보다 술술 잘 읽혔다와 같은 단순한 느낌을 그대로 적어도 좋다. 책의 주제에 대한 자신의 생각을 간단하게 정리해보는 것으로 충분하다. 이러한 과정을 통해 책의 내용을 자신의 것으로 만들 수 있다.

가장 먼저 내 것으로
만들어야 할 습관

실존주의 문학의 선구자 프란츠 카프카는 "우리가 읽는 책이 우리 머리를 주먹으로 한 대 쳐서 우리를 잠에서 깨우지 않는다면, 도대체 왜 우리가 그 책을 읽는 거지? 책이란 무릇 우리 안에 있는 꽁꽁 얼어버린 바다를 깨뜨려버리는 도끼가 아니면 안 되는 거야"라고 말했다. 거기에 더해 나는 책이란 무릇 우리의 꽁꽁 굳어버린 비루한 일상을 깨어버리는 도끼라고 말하고 싶다. 꾸준히 책을 읽으면 감동과 더불어 즐거움을 찾을 수 있고, 저자의 생각과 주장에 질문하면서 생각의 힘을 기를 수도 있다. 내가 알지도 보지도 못한 넓은 세상을 경험해볼 수 있으며 책 속에 숨어 있는 성공한 사람들의 사고방식을 내 것으로 만들 수 있다. 그렇게 책을 읽는 사람은 조금씩 다른 사람과 차별화되고 결국 시간이 지날수록 책을 읽지 않는 사람은 절대 따라잡지 못하는 경지에 오르게 된다.

"우리는 우리가 읽는 것으로부터 만들어진다"라고 독일의 극작가 마르틴 발저가 말한 것처럼 일주일에 한 권씩, 꾸준히 1년 동안 읽는 책이 결국 우리의 인생을 그 책처럼 만든다. 열 가지 습관 중에서 가장 먼저 독서습관을 만들어야 하는 이유는, 독서습관이야말로 자기계발의 기본이고 가장 중요한 요소이기 때문이다. 다른 좋은 습관들이 많이 있어도 책 읽는 습관이 없다면 곧 한계에 부딪힌다. 하지만 독서습관을 바탕으로 자신의 생각과 사고방식, 의식을 변화시키며 다른 좋은 습관들을 실천한다면 몇 배의 시너지를 낼 수 있다.

책은 가장 확실하고 검증된 영원한 차별화 수단이다. 평생 가져가야 할 성공의 동반자이며 우리의 생각과 의식을 성장시키는 유일한 도구이다. 남들과 다른 삶을 살고 싶다면, 자신을 변화시키고 꿈꾸는 삶을 성취하고 싶다면, 고민하지 말고 책부터 읽어보자. 책이 당신의 모든 것을 바꿀 것이다.

2. 돈

경제를
·············
경계한다
·············

돈에
끌려 다니고 있지는
않나요?

돈이
조금만 더 있으면

"성공에는 여러 측면이 있는데 물질적인 부는 고작해야 그 가운데 한 가지 요소일 뿐이다. 성공은 건강과 활력 그리고 삶에 대한 열정, 만족스러운 인간관계, 창의적인 자유, 감정적 그리고 심리적 안정감, 행복감과 마음의 평화를 포함한다."

세계적 의학자이자 영적 지도자 디팩 초프라가 그의 저서 『성공을 부르는 일곱 가지 영적 법칙』에서 한 말이다. 그러나 오늘날 많은 사람들은 부자가 되는 것이 곧 성공이며 행복해지는 길이라고 생각한다. 성공의 여러 측면 중에서 오직 '돈'이라는 한 가지가 전부인 것처럼 생각하는 것이다.

돈을 많이 벌기 위해 연봉 많은 직장에 들어가거나 고소득 전문직을 갖는 것이 목표가 되어버린 지 오래다. 그 목표를 이루기 위해서는 시험을 잘 치러야 하고, 시험을 잘 치르기 위해서는 공부를 많이 해야 한다. 수많은 청춘들이 오늘도 내일도 오로지 미래의 성공을 위해 당장의 욕구와 행복을 참아가며 공부를 하고 있다.

　그렇다면 정말 고소득 직업 또는 이른바 전문직을 가진 사람들은 모두 스스로 성공했다고, 그리고 스스로 행복하다고 생각할까? 2012년 영국에서 실시한 직업 만족도 설문조사에 따르면 꽃집 사장과 정원사의 직업 만족도가 87퍼센트로 가장 높았다. 의사, 변호사, 건축가와 같은 전문직의 만족도는 60퍼센트 수준이었고, 억대 연봉을 받는 금융권 직장인의 만족도는 44퍼센트로 나타났다. 이 결과만 놓고 보면, 전문직이 되어 돈을 많이 번다고 해서 그것이 곧 성공이나 행복과 직결되지는 않음을 알 수 있다.

　그럼에도 대다수의 사람들은 돈을 많이 가지고 싶어 한다. 그래서 팔 수 있는 물건은 물론이고 재능, 서비스, 그리고 지식까지 모두 돈으로 환산하여 주고받는다. 조금이라도 더 많은 돈을 벌기 위해 졸리고 피곤한 몸을 일으켜가며 자기계발에 힘을 쏟는다. 돈을 더 많이 주는 직장으로 이직을 꿈꾼다. 일부 돈은 많지만 몰상식한 사람들은 자신의 돈이 벼슬이라도 되는 듯 과시하며 남을 깔본다. 돈이 없다는 이유만으로 무시당하고 속상한 상황들이 우리 사회에는 비일비재하다.

사람들은 '돈이 조금만 더 있으면' 하고 무의식적으로 계속 생각한다. 돈이 더 있으면 좋은 집에서 살 수 있을 텐데, 돈이 더 있으면 이렇게 밤낮으로 고생하지 않아도 될 텐데, 돈이 더 있으며 나를 깔보고 무시하는 그 사람에게 참지 않고 시원하게 한마디할 수 있을 텐데 하고 생각하는 것이다. 그렇게 사람들은 점점 더 돈의 힘에 굴복하고 지배당한다. 중요한 선택을 할 때도 큰 고민 없이 돈을 기준으로 결정을 내리는 모습을 쉽게 볼 수 있다.

행복해지면
자연스레 돈은 뒤따른다

돈과 행복의 관계에 대한 흥미로운 조사가 있다. 2006년 행복경제연구소에서 통계청의 사회통계조사 자료를 재분석해 소득을 9계층으로 나누고 그에 따른 행복지수를 조사했다. 그 결과, 소득 최하위 계층부터 소득 3순위까지는 소득과 행복지수가 비례하여 늘어났지만, 소득 2순위부터는 소득이 늘어남에도 행복지수는 늘어나지 않았고, 1순위 소득계층의 행복지수는 오히려 하락했다. 이 결과를 보면 흔히들 믿는 것처럼 돈이 많으면 행복하다는 말은 사실이 아님을 알 수 있다.

돈에 지배되어 무조건 돈을 많이 모으고 많이 버는 데에만 노력하는 사람이라면 이 결과를 보고 '돈'에 대해 다시 생각해봐야 한다.

어느 정도까지는 돈이 많을수록 행복도 함께 증가하지만 그 끝에는 오히려 불행이 있기 때문이다. 그러므로 우리가 이른바 '돈습관'을 들일 때 가장 먼저 해야 할 것은 돈에 대한 인식을 바꾸는 것이다. 『마음의 힘』의 저자 바티스트 드 파프는 돈의 한계에 대해서 이렇게 말한다.

> "돈은 일종의 교환수단이자 상품과 서비스 거래를 수월하게 하는 도구지만 현대에는 많은 사람에게 성공을 판단하는 척도가 되고 있다. 돈이 음식과 거처 같은 기본적인 욕구를 충족하기에 중요함은 확실하지만 이는 살면서 받는 도전으로부터 우리를 보호하거나 삶의 목적을 찾는 데는 도움이 되지 않는 외형적인 힘이다. 돈이 행복에 미칠 수 있는 영향은 제한적이다. 과학적인 연구 결과를 보아도 돈이 행복에 미치는 영향은 대단히 한정적이며 고액 연봉을 받게 된다 해도 결코 이전보다 행복해지지는 않음을 확인할 수 있다."

그의 말처럼 돈으로 행복해지는 데에는 분명 한계가 있다. 우리는 흔히들 돈과 행복의 상관관계를 잘못 생각하고 있다. 돈을 많이 벌어야 행복해지는 것이 아니라 행복해지면 자연스레 돈을 벌게 된다. 자기가 하는 일에서 행복을 찾고 작은 성취들을 쌓아 결국 원하는 목표를 이루게 되면 돈은 저절로 따라오는 것이다.

그 예로 유명 운동선수들을 들 수 있다. 피겨여왕 김연아, 2002 월

드컵의 영웅 박지성, 젊은 축구스타 손흥민, 우리나라 간판 야구스타 추신수 등 그들은 돈을 위해 운동을 한 것이 아니라 각자 자신의 분야에서 최고가 되기 위해 열심히 노력한 결과 다른 사람들은 넘보기 힘들 만큼 많은 부를 벌어들였다. 자신의 꿈을 알고 그것을 위해 죽을 듯이 열심히 노력한 사람은 돈에 지배당하는 것이 아니라 돈을 지배해 자연스레 자신에게 끌어당긴다.

돈은 인생의 목표가
될 수 없다

유명 팟캐스트 진행자이자 베스트셀러 작가인 채사장도 돈을 지배한 사람이라고 볼 수 있다. 그는 한때 전업 주식투자자로서 돈을 벌기 위해 밥도 거르며 일에 매달렸던 사람이었다고 한다. 그렇게 노력한 결과 일반 사람들이 생각하는 것보다 훨씬 많은 돈을 벌 수 있었다. 그러나 행복하지도, 삶이 건강하지도 않음을 깨닫고 일을 그만두었다. 대신 대학시절에 탐구했던 무수히 많고 넓은 지식들을 한데 모아 책을 썼다. 자신이 좋아하고 관심 있는 것들에 대한 방송을 시작해 많은 사람들의 공감을 불러일으켰다. 현재는 단연 가장 인기 있는 저자 중 한 사람이 되었으며 그에 따르는 부도 거머쥐었다.

돈을 지배하는 사람의 예가 어디 이뿐이겠는가. 세계적 기업가들을 비롯해 각종 산업에 새바람을 불러일으킨 스타트업 창업가들도 많다. 이들 모두는 돈을 자신의 목적에 맞게 조절하여 사용하며 때로는 과감히 투자할 줄도 안다.

그럼에도 많은 사람들에게 이들은 그저 자신과는 상관없는 먼 나라 이야기처럼 느껴진다. 돈을 지배하라고는 하지만 그것이 말처럼 쉽지 않음을 우리는 잘 알고 있다. 돈은 살아가는 데에 반드시 필요하며 너무나 큰 영향력을 지니고 있다. 당장 먹고살기 힘들게 되면 돈에 철저히 지배당해서라도 살아가야 하는 것이 현실의 서글픈 민낯이다.

그러므로 '돈을 지배하기' 전에 '돈에 대한 인식을 바꿔야' 한다. 앞으로 1년 동안 돈에 지배당하지 않는 마음을 연습해보자. 직장에 다니면서도 매일 불안해하고 통장의 잔고를 확인하면서 한숨짓고 힘들어한다면, 그것은 곧 돈에 지배되었기 때문이다. 우선은 이러한 사실을 깨닫는 것만으로도 큰 도움이 된다. 그리고 이제 조금씩 돈의 지배에서 벗어나기 위해 노력해보자.

가장 먼저 연습해야 할 것은 돈에 휘둘려 선택을 내리지 않도록 주의하고 훈련하는 것이다. 하기 싫은 일을 해야 할까 말아야 할까 고민될 때 돈이 아니라 과감히 자신의 행복을 선택할 것. 돈 때문에 참고 견디지 말 것. 오직 돈 때문에 결정하지 않을 것. 대신 내가 좋아서 선택하고 싫은 것은 싫다고 말할 것. 돈 때문에 꿈을 정하지 말 것. 돈만 보고 직장을 선택하지 말 것. 그리고 오로지 돈 때문에 아까운 청춘을 낭비하지 말 것.

　돈은 결코 인생의 목표가 되어서는 안 된다. 돈은 행복해지기 위한 수단에 불과하다. 앞으로 1년 동안 돈에 지배당하지 않는 마음을 훈련한다면 분명 그만큼의 행복과 여유로운 마음을 갖게 될 것이다. 돈은 지배해야 하는 대상이고 나의 행복을 위해 사용하는 도구임을 꼭 기억하자.

따라만 해도
부자가 되는
소비습관

스트레스를 돈으로 풀었더니
더 스트레스

어떻게 하면 부자가 될 수 있을까? 단순하게 생각하면, 두 가지 중 하나다. 수입을 늘리든지 지출을 줄이든지. 수입을 늘리는 것은 쉽지 않지만 지출을 줄이는 것은 노력하기에 따라 바로 실행할 수 있다. 그러므로 부자가 되고 싶다면 우선 자신의 지출, 즉 소비습관을 주의 깊게 관찰해야 한다.

사실 나는 그다지 좋지 못한 소비습관을 가지고 있었다. 처음으로 제대로 돈을 벌기 시작한 것은 대학교 2학년 때다. 앞서 말했듯이, 당시 나는 군대를 가지 않고 1년 동안 준비한 자격증으로 병역지정업체에 지원하여 산업기능요원으로 군 대체복무를 했다. 현대자동차에 물건을 납품하는 3차 협력업체에서 3D 설계 관련 일을 했다.

산업기능요원이자 신입사원으로 들어갔는데 매일 이어지는 야근은 물론이고 토요일에도 출근을 해야 했다. 나를 군인 취급하는 장교 출신 상사, 최저시급 수준인 월급, 그리고 무엇보다 군 대체복무이기 때문에 싫든 좋든 꼼짝없이 3년을 버텨야 하는 현실이 너무 힘들었다. 당시 집안 사정도 어려워 햇빛도 들어오지 않는 월세방에 살았는데 그런 집에선 들어가도 쉬는 것 같지 않았다.

퇴직하신 아버지는 평생 해보지도 않던 몸 쓰는 일을 하셨다. 형은 휴학을 하고 지방 건설현장에 일을 하러 갔다. 평생 살림만 하셨던 어머니도 편의점으로 아르바이트를 가셨다. 이때 내가 번 돈은 어려운 집안 살림에 큰 보탬이 되었다.

차라리 군대를 갔으면 하는 생각도 들었지만 어떻게든 3년을 버텨야 했다. 스트레스를 풀어야 했다. 퇴근하면 회사 형들과 술을 마시는 일이 빈번해졌다. 친구들 모임에서는 허세를 부리며 밥과 술을 샀다. 사고 싶은 것은 생각 없이 샀고 가격도 보지 않고 음료와 밥을 시켰다. 현금서비스도 빈번하게 사용하면서 흔히 말하는 신용카드의 덫에 걸리기도 했다.

어느 날 카드대금 미납 문자를 보고 있자니 가슴에 엄청난 공허감이 밀려오기 시작했다. 사회생활을 미리 경험해보고자 선택한 삶이었는데 찬란해야 할 나의 젊은 날을 탕진하고 있다는 생각이 들었다. 하지만 그렇게 몸에 밴 안 좋은 소비습관에서 벗어나기란 생각보다 어려웠다. 이미 돈에 완전히 지배되어버린 것이다.

어느 날 책을 읽다가 나쁜 소비습관의 이유, 좀 더 근원적으로는 공허감의 원인을 알 수 있었다. 다름 아니라 사랑받지 못해서였다. 회사에서도 집에서도 그리고 현재의 삶에서도 누군가에게 인정받고 사랑받고 싶은 욕구로 가득 차 있었다. 그 채워지지 않는 욕구를 마구 사들인 물건과 쾌락으로 채우려고 했던 것이다. 그러나 텅 비어버린 마음은 그 어떤 것을 먹고 사고 입어도 채울 수가 없다. 넘쳐나는 돈을 가지고도 우울증에 걸려 자살하는 사람들을 보면 쉽게 알 수 있는 사실이다.

악순환을 끊고
합리적 소비를 시작하다

원인을 알았으니 이번에는 문제를 해결하기 위해 생활 방식을 하나하나 바꿔나갔다. 우선은 나의 욕구를 채울 다른 방법을 찾았다. 먹고 마시고 물건을 사는 등 마음껏 돈을 쓰는 대신 그동안 자주 만나지 않던 친구들을 만났다. 퇴근 후에는 운동을 다시 시작했다. 친구들과 함께 여행을 갔고 회사에서 쉬는 시간에는 소설을 읽으며 머릿속의 판타지 영화를 감상했다. 그렇게 공허함을 친구들과의 우애, 운동을 통한 몰입과 스트레스 해소, 책 속의 이야기와 지식으로 채워 넣었다.

욕구들이 조금씩 충족되고 나서야 비로소 나 자신의 소비습관을 자세히 관찰할 수 있었다. 가장 큰 문제는 카드대금의 악순환이었다. 그 악순환의 고리를 끊고자 딱 한 달간 이를 악물고 버텨보기로 했다. 약속도 잡지 않고 집과 회사만 다녀 돈 쓸 일을 없앴다. 신용카드를 자르고 현금만 사용했다. 그렇게 한 달을 고생한 끝에 드디어 카드대금이 나가고 난 뒤 통장잔고가 마이너스가 아닌 플러스가 되는 모습을 보게 되었다. 빚이 없다는 안도감이 그렇게 큰 것이지 처음 알았다. 그때가 처음으로 합리적 소비의 효과를 몸소 느낀 순간이었다.

병역을 모두 마치고 학교를 졸업한 뒤 회사에 입사하여 혼자 자취를 하게 되었다. 그런데 잠자고 있던 나쁜 소비습관이 다시금 고개를 들기 시작하는 게 아닌가. 그전만큼 심각한 수준은 아니었지만 취업하느라 한동안 고생했으니 당분간은 마음껏 쓰자고 생각했던 마음이 어느덧 1년을 넘어가고 있었다. 현실은 땡전 한 푼 저금도 못하고 쓰기만 했다.

소비습관을 다시 관찰하기 시작했고 몇 가지 방법을 통해 바꾸어 나갔다. 우선은 모든 지출과 수입을 기록했다. 수입은 일정한데 지출이 고무줄처럼 늘어나기 일쑤였다. 그중에 많은 부분이 무리해서 사버린 먹거리들, 어느 날 충동적으로 구매한 고가의 전자제품들이었다. 마트에서 산 음식들은 대부분 다 먹지도 못하고 냉장고 안에서 썩어가고 있었다. 심지어 냉장고에 뭐가 들어 있는지도 몰랐다. 수십만 원 혹은 백만 원이 넘어가는 고가 전자장비들은 몇 번 사용하다가 방구석에 처박아놓고 있었다.

　냉장고를 먼저 정리하기로 했다. 냉장고 속에 들어간 식재료들의 이름을 포스트잇에 적어 냉장고 문에 붙여놓았다. 마트에 갈 때는 밥을 배불리 먹고 가서 여러 맛있는 음식들의 유혹을 이겨냈다. 꽤 비싼 가격에 샀지만 현재 사용하지 않는 전자제품들은 모두 내다 팔았다. 새로운 제품이 필요할 때는 가장 먼저 새것 같은 저렴한 중고제품을 고려했다.

　조금씩 무분별한 소비습관을 고쳐나갔지만 근본적인 대책이 필요했다. 그리고 그 답을 재테크 관련 책에서 찾을 수 있었다. 이렇게 나는 소비의 가치관을 정립할 수 있었고, 소비란 근본적으로 자신에게 행복과 만족을 가져다주어야 한다는 기준을 세울 수 있었다. 이 기준에 따라 충동적으로 구입하려는 것과 진짜 원해서 구입하는 것을 구별하기로 했다. 사고 싶은 것이 생기면 일단 목록으로 만들고 일주일의 유예기간을 두었다.

　그러자 충동적으로 사려고 했던 것들은 일주일도 채 지나기 전에 금세 관심에서 멀어져갔다. 이와는 달리 내가 진짜로 원하는 것들은 일주일이 지나도 계속 머릿속을 맴돌고 심지어는 꿈에까지 나왔다. 그렇게까지 내가 원한다는 확신이 생길 때 비로소 제품을 구입했고, 이런 식으로 소비한 것들은 나중에 보다 큰 만족감과 행복감을 주었다.

합리적 소비에서
저축의 세계로

합리적 소비에 어느 정도 익숙해지자 이제는 저축하는 습관을 통해 금전적 여유와 기쁨을 느끼기로 했다. 한때 도움을 크게 받은 책『꿈꾸는 스무 살을 위한 101가지 작은 습관』에는 다음과 같은 문장이 나온다.

> "돈을 저축해두면 마음의 평화와 안정을 얻게 된다. 어려울 때 기댈 언덕이 생겼으니 걱정과 불안에 시달릴 필요가 없다. 그러므로 그만큼 더 느긋해지고 자신감도 붙는다. 또 어려운 상황에 처하더라도 품위를 지킬 수 있다. 당장 은행에 가서 정기저축통장을 만들어라. 그리고 거기서부터 어떤 변화들이 이어지는지 직접 경험하고 느껴보라."

조언을 받아들여 곧장 은행으로 가서 매달 10만 원씩 들어가는 적금통장을 만들고 월급통장에서 자동이체를 걸어놓았다. 몇 달 뒤 무심코 확인한 통장잔고를 보고는 난생처음으로 저금하는 기쁨을 느낄 수 있었다.

사실 이런 나의 소비습관은 특별하지도 않고, 어려운 것도 아니다. 하지만 주변을 돌아보면 스트레스를 푼다는 명목으로 자신도 모르게 물 흐르듯 돈을 그냥 흘려보내고 있는 사람들이 많다. 그런 사람들은 곧 돈에 지배당하고 만다. 자신의 소비습관을 관찰하고 경계하는 것은 돈에 지배당하지 않기 위한 기본조건이다. 과소비는 돈이 사용하는 가장 강하고도 쉬운 지배수단이기 때문이다. 사소해 보일지라도 경계하지 않으면 어느덧 돈의 덫에 걸려든다.

또한 자신의 소비습관을 관찰하고 가치관을 정립하는 것은 운동선수가 기초체력을 기르는 것과 같다. 합리적 소비습관으로 아낀 돈들이 자산이 되고, 그 자산은 곧 우리를 더 행복하게 만들어주는 훌륭한 도구가 된다. 소비를 관찰하고, 소비의 가치관을 정립하며, 저축 시스템을 만드는 것이야말로 돈이 우리를 지배하지 못하게 하는 가장 확실하고도 쉬운 방법이다.

절대
실패하지 않는
투자

나에게 하는
투자

　　　　　　많은 사람들이 부자가 되기 위해 이른바 '투자'를 한다. 주식에 투자하기도 하고 부동산에도 투자한다. 투자를 할 때는 주식이 오르고 땅값이 오르기를 바랄 테지만, 경제의 흐름은 변덕이 심해서 언제라도 내가 원하지 않는 방향으로 흘러갈 수 있다. 그럴 때면 자산들이 속절없이 무너진다. 백 퍼센트 확실한 투자라고 해도 리스크는 가지고 있다.

　경제가 아무리 어려워도, 어떤 상황이 닥쳐도 절대 실패하지 않는 투자가 있다. 바로 자신에게 하는 투자이다. 앞서 나는 소비습관을 개선하여 매달 조금씩이라도 돈을 모으라고 말했다. 그렇게 모은 돈으로 할 수 있는 가장 최고의 투자는 바로 자신에게 하는 것이다. 헨리 포드는 "사람들은 언제나 돈을 저축하라고 충고한다. 그러나 이 것은 나쁜 충고다. 모든 돈을 저축하지는 마라. 자신에게 투자하라" 라고 말했다. 무조건 저축만 해서는 부자가 되기 어렵다. 진짜 부자 는 돈을 모아서 되는 것이 아니다. 끊임없이 자신에게 투자함으로써 자신의 부가가치를 올려야 가능하다.

자신에게 하는 투자에도 여러 가지가 있겠지만 경험과 능력을 발 전시키는 데에 과감히 투자하라고 말하고 싶다. 직접 몸으로, 머리 로 배운 것은 누구도 절대 빼앗아갈 수 없고 결국 자신의 부가가치 를 올려 더 큰 부를 불러오게 한다. 다양한 경험을 쌓을수록 세상을 보는 눈이 달라지고, 선택의 순간에 또는 인생의 전환점에서 더욱 현명하게 자신에게 도움이 되는 길을 선택할 수 있다.

나에게도 자신에게 투자함으로써 인생에 큰 도움이 된 것들이 있 다. 집안 사정이 어렵던 시절 국가기술자격증을 따기 위해 학원을 다녔다. 그렇게 1년간의 도전 끝에 자격증을 취득하여 군대를 가는 대신 산업기능요원으로 일할 수 있었다. 그리고 병역지정업체에서 3년간 일하면서 어렵게 모은 돈을 주저 없이 교환학생 생활비로 사 용하기로 결정했다. 1년간 독일에서 공부를 했는데 그 시간들은 향 후 진로를 정하고 지금 다니는 회사에 들어올 수 있게 만든 큰 전환 점이 되었다. 뿐만 아니라 돈을 내고 배우는 운동도 궁극적으로는 자신을 더 매력적이고 건강한 사람으로 만드는 것이기에 운동에도 매달 꾸준히 비용을 지출하고 있다.

경험에
투자한다는 것

　　　　　　　　　　무언가를 배우는 데 투자하는 것도
중요하지만 경험을 위해 투자하는 것도 꼭 필요하다. 그중 대표적인
것이 여행이다. 보통 여행은 비용이 적잖이 들기 마련이다. 그래서
비용이 아깝다며 여행을 안 가는 사람도 있는데 정말 어리석은 생
각이다. 자신이 속해 있는 익숙한 곳에만 있다 보면 새로운 자극과
경험을 하기가 어렵다. 그 상태에선 더 이상 발전도 없다.

　돈이 들더라도 평소 가보고 싶었던 곳이나 새로운 환경으로 여행
을 떠나게 되면 설렘을 느낄 수 있다. 스트레스도 해소되고 낯선 환
경과 사람들에 둘러싸여 평소에 알지 못했던 자신의 숨겨진 모습까
지도 보게 된다. 전에는 깨닫지 못했던 관심과 흥미를 발견하기도
한다.

　여럿이 하는 여행도 좋지만 혼자서 떠나는 여행을 추천한다. 혼자
서 떠나면 모든 상황을 오롯이 혼자 감당해야 하고 그렇게 할 때 보
다 많은 것을 배우고 느낄 수 있다. 내가 처음 혼자 여행을 떠났던
것은 교환학생으로 독일에 있을 때였다. 홀로 여행을 다니며 유럽의
여러 나라를 오고가는 기차 안에서 몇 시간이고 생각에 잠겨 책을
읽었다. 혼자 낯선 거리를 걸으며 새로운 사람을 만나고 소통하고
생각하고 새로운 경험을 했다. 해외가 아니라도 좋다. 혼자 떠난 제
주도 여행에서는 내가 원하는 삶에 대해서 깊이 그리고 오래 생각

해볼 수 있었다. 이런 시간들을 통한 숙고의 결과로 현재 내 길을 잘 찾아가고 있다고 확신한다.

여행뿐만 아니라 새로운 취미를 배우거나 모임에 참여해보는 것도 좋은 투자다. 직접 몸으로 부딪혀 배우는 직접경험이야말로 내 것으로 만들 수 있는 가장 좋은 방법이다. 그렇게 쌓인 다양한 경험들은 결국 기존의 것들을 잘 모아 새로운 것을 만들어내는 창의력과도 연결된다.

지금
무엇을 배우고 있나요?

일터에서 몸값을 올리는 가장 확실한 방법 역시 자신에게 투자하는 것이다. 우리 회사를 예로 들면, 바쁜 시간을 쪼개 돈을 들여가며 독일어를 배우는 사람들이 있다. 회사에서는 영어를 주로 사용하기 때문에 독일어를 하지 못해도 큰 어려움은 없다. 하지만 독일어를 잘하게 되면 승진의 기회가 많아질 뿐 아니라 여러 다양한 직무를 경험할 수 있는 기회를 더 많이 가질 수 있다. 그렇기 때문에 배우기 쉬운 언어가 아님에도 외국어 공부에 투자하는 것이다. 당장은 시간과 돈이 들겠지만 향후 새로운 자리나 승진, 직무 전환의 기회를 잡았을 때 분명 가장 확실한 투자였음을 알게 될 것이다.

회사 또한 배움이 직원들 개인에게 도움이 됨은 물론이고 궁극적으로는 회사의 역량을 발전시키는 길임을 잘 알고 있다. 그런 이유에서 회사에서는 개개인의 연간 교육계획을 수립하고 항상 확인하고 관리한다. 엔지니어의 경우에는 새로운 기술이나 툴을 배워야 할 경우가 종종 생기는데 그럴 때면 본사가 있는 독일로 직원을 보내 그 기술을 배워오게 하는 데 아낌없이 투자한다. 또한 새로운 사람을 만나고 다양한 업무를 경험하고 배우는 것에 큰 가치를 두기 때문에 해외 타부서에서 3년간 일한 경험은 팀장 승진에 있어 필수 요건 중에 하나로 자리 잡고 있다.

『배움을 돈으로 바꾸는 기술』에서 저자 이노우에 히로유키는 자신의 부의 원천이 배움에 있다고 말한다.

"배움의 성과는 확실하게 자기 것이 되며, 평생 마이너스가 되는 일이란 없습니다. 게다가 경험을 거듭 축적함으로써 점점 더 자신을 갈고닦게 되어 부가가치가 덧붙게 되지요. 전 세계에서 아무리 높은 이익을 가져다주는 투자라 해도 배움만큼 확실한 투자는 없다고 단언합니다."

그의 말처럼 배움이란 가장 확실한 투자이기에 부자가 되고 싶은 사람이라면 배움에 투자를 해야 한다. 인생에서 배움이란 끝이 없다. 많은 학생들이 학교를 졸업하고 취직을 하면 더 이상 공부하지 않아도 되는 것처럼 생각하지만 그것은 큰 착각이다. 학교에 있을 때와 달라지는 점은 공부를 하지 않아도 되는 것이 아니라 무엇을 공부해야 할지 스스로 결정하고 찾아야 하며 직접 그 배움에 투자해야 한다는 것이다. 그렇게 꾸준히 자신의 배움에 투자하는 사람이야말로 진짜 부자가 된다.

배움에 투자하는 것은
선택이 아니라 필수

성공한 사람들은 이 원리를 잘 이해하고 있다. 그렇기 때문에 스티브 잡스는 "소크라테스와 점심을 함께할 수 있다면 애플의 모든 기술을 걸겠다"라고 말하기도 했다. 애플의 모든 기술보다 소크라테스와 점심식사를 하면서 배울 수 있는 것이 훨씬 더 가치 있다고 생각한 것이다.

몇 해 전 이베이에서는 투자의 귀재 워런 버핏과의 점심식사를 경매에 붙였는데 무려 40억 원에 낙찰되었다. 단순히 보기에는 한 사람과의 점심식사에 40억을 쓴다는 것이 말이 안 되는 것처럼 보인다. 하지만 다르게 말하면, 워런 버핏과 점심식사를 통해 대화하면서 배울 수 있는 것들이 40억 원의 가치를 지녔다는 말이기도 하다.

미국이 자랑하는 '길 위의 철학자' 에릭 호퍼는 "급변하는 시대에 미래를 물려받을 수 있는 사람들은 끊임없이 배움을 추구하는 사람들이다"라고 말했다. 그의 말처럼 새로운 시대를 선도해나가는 사람이 되고 싶다면 배움은 선택이 아니라 필수이며 그것에 아낌없이 투자를 해야 한다.

진짜 부자가 되고 싶다면 우선은 경험과 배움에 투자를 해보자. 나에게 하는 투자야말로 절대로 실패하지 않는 투자이며, 그것은 곧 나를 더 가치 있게 만들어주는 자양분이 된다. 이를 바탕으로 우선은 '부자'라는 이름에 걸맞은 사람이 되어야 한다. 돈을 감당할 능력이 없는데 벼락부자가 된다면 반드시 망한다. 반면에 자신에게 하는 투자로 스스로의 그릇을 키우면 그 속에 부가 채워질 것이다.

돈을 지배할 수 있는 능력을 키우고 싶다면, 절대 실패하지 않는 투자를 원한다면, 반드시 부자가 되고 싶다면, 과감하게 자신에게 투자하자. 다소 시간이 걸리더라도 그 효과는 어느 날 모두를 놀라게 할 모습으로 반드시 나타날 것이다.

3. 리더십

내 안의
잠재력을 깨운다

당신은 지금
착각에
빠져 있다

나의 선택이라고
믿고 있지만

　　　　　　　　　　방송국 회의실에 학생 일곱 명이 간단한 문제를 풀기 위해 모였다. 그들 중 여섯은 이 실험을 돕기 위해 동원된 연기자, 즉 공모자였다. 출제자는 세 가지 다른 길이의 직선을 보여주고 보기와 길이가 같은 선을 고르라는 문제를 냈다. 너무나도 쉬운 문제였지만 첫 번째 학생은 누가 봐도 틀린 답을 말했다. 두 번째 학생도 그리고 여섯 번째 학생까지 동일하게 틀린 답을 말했다. 실험대상인 일곱 번째 학생은 차례가 되자 고개를 갸우뚱거리며 자신이 맞다고 생각하는 답을 말했다.

　다음 문제도 같은 방식으로 되풀이되었다. 여섯 번째 학생까지 모두 틀린 답을 말하고 일곱 번째 학생의 차례가 되었을 때 나머지 여섯 학생들은 모두 그 학생을 뚫어져라 쳐다보았다. 이윽고 일곱 번째 학생은 잘못되었음을 알면서도 나머지 학생들과 같은 답을 말했다. 실험대상자를 바꿔 같은 실험을 했다. 그들 모두 결국에는 다른 사람들과 같은 틀린 답을 정답이라고 말했다.

이것이 실험임을 밝히고 실험대상인 일곱 번째 학생에게 왜 틀린 답을 말했냐고 물었다. 대부분의 학생들은 그 답이 틀린 것은 알았지만 다들 그렇게 말하니 자신이 착각한 줄 알았다거나, 나 혼자 비정상이라 생각했다거나, 혹은 혼자만 돋보이는 것이 싫어서 그렇게 대답했다고 말했다. 실제로 누구든 이 실험에 참가시키면 70퍼센트 이상이 동일한 반응을 보인다고 한다.

만약 당신이 실험대상이라면 소신 있게 다른 사람과 다른 정답을 말할 용기가 있는가? 사실 우리는 모두 위의 실험과 비슷한 환경에서 살아가고 있다. 세상의 흐름에 따르고 다른 사람들의 눈치를 보며 선택하고 결정하지만 마치 스스로 선택한 것처럼 생각한다.

이러한 경험은 어려서부터 시작된다. 다른 친구들이 다 학원에 가니까 나도 왠지 가야 할 것 같다. 남들이 좋다고 하는 것을 나도 하지 않으면 불안감에 휩싸인다. 모두가 가지고 있다면 나도 가져야만 직성이 풀린다. 유행하는 가방, 모자, 옷 등이 없으면 왠지 나만 뒤처지는 느낌이다. 남들 다 하는 대로 따라 하다 보면 어느새 대학도 남들이 좋다는 곳을 이유도 모른 채 목표 삼고 공부하고 있다. 그렇게 큰 흐름에 휩쓸린 채 학교를 졸업하고 또 다들 좋다고 말하는 회사에 무턱대고 이력서를 복제해 뿌려대곤 한다.

개인만을 탓할 수는 없다. 각종 신문과 잡지, TV 프로그램과 광고 등 온갖 매체들은 우리를 알게 모르게 충동질하고 유행을 만들어낸다. 이들은 대중으로 하여금 최신 흐름에 발맞추지 않으면 뒤처질 것이라고 무의식중에 생각하게 만든다. 이렇게 미디어에 길들여진 사람은 어느 순간 자신도 모르게 그것이 진짜 내가 결정하고 내가 원해서 하는 것이라고 착각하게 된다.

언제부터
질문 없는 사람이 되었나요?

그렇다면 이런 착각에서 벗어나려면 어떻게 해야 할까? 가장 먼저 해야 할 것은 질문이다. 위의 실험에서도 마찬가지다. 이상함을 느낀 실험대상자가 옆 사람 혹은 출제자에게 질문을 했다면 어떻게 되었을까? 그것이 실험이라는 사실을 눈치 채지 않았을까?

지금 자신의 삶이 의미 없어 보이고 지루하게 느껴진다면, 그 일을 왜 하고 있는 것인지 도대체 이유를 모르겠다면, 왜 열심히 살아야 하는지, 그게 의미가 있는 것인지 헷갈린다면 당신은 자신의 의지대로 살고 있는 것이 아닐 가능성이 높다. 그렇게 느낄 때 가장 먼저 질문을 해야 한다. 당장 스스로에게 질문해보자. 지금의 삶이 진짜 내가 원하는 모습인가? 혹시 누군가 강요하거나 분위기에 휩쓸려 내가 좋아하는 것도 아닌데 좋아하는 척하며 살고 있는 것은 아닌가? 내가 정말로 좋아하는 것은 무엇인가? 나는 어떨 때 행복한가?

당장 해답을 찾기는 어려울 수 있다. 하지만 질문을 멈추지 말아야 한다. 이러한 질문들이야말로 자기 삶의 진정한 리더가 되는 첫걸음이기 때문이다. '국민MC'로 불리는 유재석은 한 방송 프로그램에서 이런 말을 했다.

> "진짜 위기가 무엇인지 아십니까? 위기인데도 위기인 줄 모르는 것이 진짜 위기입니다. 그것보다 더 큰 위기는 무엇인지 아십니까? 위기인 줄 알면서도 아무것도 하지 않는 것이죠."

그의 말을 조금 바꾸면, 삶의 위기는 스스로가 자기 삶의 리더임을 알지 못하는 것에 있다. 그리고 그것보다 더 큰 위기는 스스로가 자기 삶의 리더가 아님을 알면서도 아무 노력도 하지 않는 것이다. 그러므로 우선 스스로가 진짜 자기 삶의 리더인지 아닌지 판단해야 한다. 자기 삶을 이끄는 리더가 되기 위해서는 지금 자신의 모습들이, 상황들이, 그리고 앞으로 가려고 하는 길이 정말 자신의 결정에 의한 것인지 질문하는 것에서부터 시작해야 한다.

원래 우리는 모두 질문이 많은 사람들이었다. 어렸을 때를 기억해보자. 어린아이들이 말을 배우고 세상을 배우기 시작하면 부모에게 귀찮아질 정도로 질문을 한다. 햇빛은 왜 눈부신지, 바람은 왜 안 보이는지, 노을은 왜 붉은지, 이건 뭐고 저건 뭔지 등등. 아이들은 모든 것에 호기심으로 가득 차 있다. 하지만 그 아이가 자라 학교에 들어가고 공부를 하고 시험을 치르기 시작하면서 그렇게 많던 호기심은 사라지고 점점 질문을 잃어간다. 그저 주어진 문제를 풀기 위해 책 속의 지식을 외우는 사람이 된다.

 공부에 방해된다는 이유로 흥미와 호기심으로 대했던 모든 것들에 관심을 두지 않는다. 그렇게 참아가며 공부를 열심히 해서 원하는 대학에 들어가고 나면 이번에는 좋은 직장에 취직하기 위해 또 말 없는 학생이 된다. 오직 교수가 말하는 것을 그대로 받아 적어 달달 외우는 것이 학점을 잘 받는 길이라고, 좋은 학점이 있어야 좋은 직장에 취직할 수 있다고 굳게 믿는다.

 하지만 그렇게 공부만 한다고 정말 좋은 직장, 자신에게 맞는 직장을 찾을 수 있는 시대는 지났다. 이 부분에 관한 이야기는 다른 장에서 다시 말하겠지만, 여기서 요지는 우리가 자라면서 질문하는 법과 질문하는 용기를 잃어버렸다는 것이다.

 이런 학생들의 모습에 나도 예외는 아니었다. 나 또한 질문 없이 조용히 공부하는 수많은 학생들 중 하나에 불과했다. 이런 나의 모습은 독일에서 교환학생으로 공부하면서 비로소 변할 수 있었다.

자기 삶의 리더는
반드시 자신이어야 한다

독일 학생들은 다른 사람들의 눈치를 보지 않고 자신이 이해하지 못했거나 궁금한 점이 있으면 언제든 손을 들고 교수에게 질문했다. 그래도 그 학생이 제대로 이해하지 못하면 어느새 수업시간은 토론의 장으로 변해 다른 학생들까지 동참했다. 자유분방한 그들의 모습이야 이미 알고 있었지만 수업시간에 아무 거리낌 없이 손을 들고 질문을 하는 모습은 신선한 충격으로 다가왔다. 그럴 때면 나를 비롯한 몇몇 학생들은 그저 교실 뒤편에 앉아 그들의 모습을 조용히 지켜볼 뿐이었다.

그때의 충격으로 나도 조금씩 변해갔다. 공개적인 장소에서 질문할 용기는 부족했지만 교환학생으로 있는 동안 스스로에게 질문하는 습관을 들였다. 끊임없이 나에게 질문을 했다. '나는 왜 여기에서 공부하고 있는가?', '나는 어떤 것을 잘하고 좋아하는가?', '나는 어떤 삶을 살고 싶은가?' 삶의 방향을 결정지을 만한 중요한 질문들이었다.

다행히도 그때의 질문과 고민이 지금 내가 행복하게 일할 수 있게 된 디딤돌이 되었다. 뿐만 아니라 교환학생 때와는 다르게 회사에서는 아무리 어려운 자리여도 질문하고 싶거나 궁금한 것이 생기면 거리낌 없이 질문을 하고 있다. 그 때문인지 동료들은 나를 자신감 있고 당당한, 자존감 높은 직원으로 인식하고 있다. 질문하는 습관이 어느 정도 들고 나자 그제야 내 자신의 삶을 정말 내가 원하는 대로 이끌고 있다는 느낌이 들기 시작했다. 내가 바로 내 삶의 리더라고 자신 있게 말할 수 있게 된 것이다. 이제는 어떤 결정을 내려도 온전히 나의 의지대로 내린 것이라는 확신을 가질 수 있다. 흐름에 휩쓸려가는 것이 아니라 스스로 자신의 흐름을 만들어내는 사람이 되고 있는 것이다.

학교와 직장 그리고 모임에서 반드시 리더가 되어야 할 필요는 없다. 하지만 자기 삶의 리더는 분명 자신이어야 한다. 그렇게 살기 위해서는 항상 관심과 주의를 기울이고 끊임없이 질문을 해야 한다. 잘못된 것도 없는데 괜히 불안하다면, 평범한 일상이지만 무언가 답답하다면, 당신도 착각에 빠져 있을 확률이 높다. 그 착각에서 벗어날 수 있는 유일한 방법은 끊임없이 질문하는 것뿐이다. 질문을 해야 세상이 강요한 선택을 알아볼 수 있고, 질문을 해야만 스스로 삶을 이끌 수 있다.

다른 사람의 삶에 끌려 다니지 말자. 그건 분명 행복하지 않은 삶이기 때문이다. 질문할 용기를 가지고 자신의 삶을 이끌어갈 때 비로소 우리는 진정으로 만족하는 삶에 한 걸음 다가가게 된다. 모두가 자기 삶의 리더가 되어야 하는 이유가 바로 그것이다.

선택을
지배하라

다른 사람의 선택에
따라가는 삶

직장인 김 대리의 이야기다. 어느덧 다가온 월말 팀회식, 김 대리는 퇴근시간이 가까워오자 어떤 메뉴를 골라 사람들을 만족시켜야 할지 고민이 커져갔다. 상사들은 권위적이지 않고 친절하며 유머가 넘쳤다. 후배들은 언제나 김 대리의 말을 귀담아들었고 귀찮은 일도 선뜻 맡았으며 유능했다. 이런 팀에서 김 대리는 행복한 직장생활을 하고 있었다. 주변에서도 김 대리는 착하고 다정다감한 사람으로 알려져 있었다.

그런데 한 달 전 김 대리의 팀에 경력으로 들어온 박 대리가 점점 신경 쓰이기 시작했다. 박 대리는 자신과 나이는 같지만 경력도 더 있고 실력도 있을 뿐만 아니라 그런 점을 인정받아 호봉도 자신보다 1년 높다. 박 대리가 들어오고 난 후로는 상사들의 관심이 모두 박 대리에게 쏠려 있을 때가 많았다. 자신보다 당당하고 시원시원한 성격 때문에 무언가 결정할 일이 있을 때면 박 대리의 의견을 따라갈 때가 많았다.

회식 메뉴 결정은 언제나 그렇듯 김 대리의 몫이었다. 그날도 고심 끝에 메뉴를 정했다. 그런데 회식 장소로 가는 길에 한 차장이 메뉴 때문에 조금 머뭇거리는 것이 아닌가. 그때였다. "오늘은 비도 조금 왔는데 파전에 막걸리 한 잔 하실까요?" 박 대리가 깜짝 제안을 했다. 그의 말에 모두 큰 호응을 하며 동의했다. 김 대리는 막걸리를 제일 싫어하지만 따라갈 수밖에 없었다.

그 후로 일을 하든 모임을 하든 박 대리가 원하는 방향으로 흘러가는 일이 빈번해졌다. 김 대리는 그저 말도 못한 채 대세에 휩쓸려가며 속으로 화를 억누를 뿐이었다. 김 대리는 생각했다. "왜 항상 그 녀석이 원하는 대로만 흘러가는 거냐고!"

김 대리의 문제가 무엇이라고 생각하는가? 김 대리는 일도 잘하고 인간관계도 좋으며 원만한 성격을 가졌다. 그럼에도 자기 의지가 아닌 다른 사람의 선택에 따라가는 일이 잦아지자 불만이 생기기 시작했다. 자기주장을 제대로 하지 못하는 김 대리에 반해 원하는 것을 정확히 말하고 항상 결정을 쉽게 잘 내리는 박 대리가 나타나면서부터 김 대리는 자신의 부족한 모습을 자각하기 시작했다. 김 대리는 자신의 뜻대로 살아가고 있는 것이 아닐 수도 있다는 것을 깨닫기 시작했다.

자기 뜻대로 하지 못할 때가 어디 회사생활뿐이겠는가? 어쩌면 김 대리는 공부도, 회사를 선택할 때도, 심지어 결혼상대를 결정할 때도 다른 사람들의 잣대에 근거해 결정을 내려왔는지도 모른다.

선택 앞에서
망설이는 이유

자기 뜻대로 결정을 내리지 못하는 사람들을 보면 이른바 '착한 사람'인 경우가 많다. 주변 사람들로부터 착한 사람으로 인정받기 위해 내면의 욕구를 억압하는 '착한 사람 콤플렉스'에 빠진 것이다. 이런 사람들의 특징 중 하나는 모든 사람을 만족시키려 한다는 것이다. 또한 자신이 진짜 무엇을 원하는지 잘 모른다는 것이다. 말하자면, 자신이 원하는 삶이 아니라 타인의 삶을 살아간다는 치명적인 문제가 있다.

당연한 말이지만, 모든 사람을 만족시킬 수는 없다. 자신이 원하는 대로 살기 위해서는 필연적으로 일부 사람들에게 비판과 비난을 받을 수밖에 없다. 그러나 일단 용기를 내서 자신이 원하는 것을 주장해보면 그것 때문에 자신을 미워하는 사람이 그리 많지 않다는 사실에 놀라게 될 것이다.

어느 실험에서 한 남자가 위아래 모두 검은색 쫄쫄이만 입은 채 야구장에 들어갔다. 그는 모두가 자신을 쳐다보고 있는 것만 같아 너무나 부끄러웠다. 경기가 끝나고 그 남자의 앞뒤, 좌우에 앉았던 사람들을 불러 검은 쫄쫄이를 입은 남자를 보았냐고 물었다. 그런데 놀랍게도 그들 모두 그를 자세히 기억하지 못했다.

그렇다. 대부분의 사람들은 우리가 생각하는 것보다 다른 사람에게 관심이 없다. 그다지 중요하게 생각하지 않기 때문이다. 특이하고 우스꽝스러운 광경을 목격했다 해도 그들에게는 중요하지 않기 때문에 금세 잊어버린다. 자신의 취향을 주장하거나 원하는 것을 말하는 것은 큰 용기가 필요한 일이 아니다. 눈치를 볼 필요도 없다. 조금은 더 당당해져도 좋다.

그럼 어떻게 해야 박 대리처럼 선택을 쉽게 잘 내릴 수 있을까? 박 대리는 회사에서뿐 아니라 자신의 삶에서도 후회 없이 최선의 선택을 내리는 방법을 알고 있다. 모든 선택을 자신의 가치관에 근거해 내리기 때문이다. 책과 강연으로 청년들의 인기 멘토가 된 '시골의사' 박경철은 그의 저서 『자기혁명』에서 선택을 잘하기 위한 방법으로 다음과 같이 말한다.

> "결국 가장 중요한 것은, 바람직하고 건강한 가치관을 정립하고 삶의 모든 선택을 그것에 의거해 해나가는 것이다. … 가치기준 아래 목표를 정하고 그 목표에 도달하기 위해 온전히 노력하며 뚜벅뚜벅 걸어간다면 모든 것은 일직선에 놓인다."

나는 그의 책을 읽고 난 뒤 왜 항상 선택 앞에서 망설였는지 비로소 알게 되었다. 그리고 곧 그의 추천대로 나의 건강한 가치관을 노트에 정리하기 시작했다. 어떤 공부를 좋아하고 무엇을 잘 못하는지 공부관에 대해서도 고민했다. 어떤 회사를 가고 싶고, 어떤 직장 생활이 행복을 줄지에 대한 직업관을 정리했다. 거기서 더 나아가 연애관, 소비관, 행복관, 결혼관 그리고 인생관 등 삶의 전반에 걸쳐 생각해볼 수 있는 다양한 가치관에 대해서 정리했다.

그 후로 시간이 흐르고 경험이 늘어남에 따라 가치관이 조금씩 바뀌는 부분도 있었지만 그렇게 한번 정리해놓은 가치관은 크게 변하지 않았다. 살아가면서 중요한 선택의 순간이 왔을 때면 어김없이 가치관을 기준으로 결정했다. 실제로 그렇게 내렸던 결정은 후회를 남기지 않았고 큰 만족과 안도감을 안겨주었다.

교환학생을 가기로 했던 것도, 군대 대신 병역지정업체에 들어가 사회를 미리 경험해보기로 결정했던 것도 모두 가치관에 따른 결정이었다. 유명 대기업을 포함한 수백 개의 회사들 중에서 고민 없이 한 곳에만 지원해 현재까지 만족하며 일하고 있는 것 또한 가치관에 부합하는 결정이었기 때문이다.

가치관에 따라
선택하는 삶

　　　　　　　　　앞의 이야기로 돌아가보자. 김 대리
가 착한 사람 콤플렉스에서 벗어나려면 '미움 받을 용기'를 가져야
한다. 그리고 원하는 삶을 살기 위해서는 무엇보다 삶의 모든 방면
에 대해 자신의 가치관을 정리해야 한다. 그것이 곧 김 대리와는 달
리 박 대리처럼 주체적인 삶을 살아가는 사람들의 선택 전략이다.

　만일 당신도 김 대리처럼 착한 사람 콤플렉스에 빠져 있거나 아
직 자신이 진짜로 원하는 것들이 무엇인지 잘 모르겠다면 지금 당
장 하던 일을 잠시 덮어두고 가치관을 정립해나가기를 바란다. 반드
시 글로 적어야 한다. 조용한 환경에서 하나하나 자신에게 끊임없이
질문을 던지며 가능한 모든 방면에 대해 자신의 가치관을 생각하고
정리해야 한다.

　이렇게 수없이 많은 고민의 결과로 정리된 가치관에 따라 삶을 선
택해나가면 자기 삶의 진짜 주인이 될 수 있다. 남의 말대로 살아가
지 않고 진정한 자신의 바람대로 살 수 있게 된다.

　오랜 숙고 끝에 정리한 가치관은 당신이 삶의 긴 여정에서 길을 잃
지 않고 목적지에 도달할 수 있게 해줄 것이다. 마치 영화 <캐리비
안의 해적>에서 북쪽을 가리키지 않고 자신이 가장 원하는 것을 가
리키는 잭 스패로우의 나침반처럼 말이다.

리더십보다
중요한
팔로워십

리더십보다
팔로워십이 먼저다

'팔로워십(followership) 또는 추종자
정신 혹은 추종력은 개인이 자신이 속한 조직, 팀, 무리에서 맡은 역할을
뜻한다. 다른 뜻으로 개인이 지도자를 능동적으로 따르는 능력을 말하기도
하며 보통 리더십에 대응하는 사회적 상호작용 과정으로 볼 수 있다.

  위키피디아는 '팔로워십'에 대해 위와 같이 설명하고 있다. 기업을
비롯한 많은 조직들이 리더십을 강조하고 또 다양한 방식으로 리더
십 교육을 한다. 하지만 팔로워십에 대해서는 좀처럼 듣기 어렵다.
대부분의 사람들이 '팔로워' 하면 SNS의 '팔로우' 정도로 단순한 의
미로만 생각한다. 어느 조직이든 리더보다 리더를 따르는 팔로워의

수가 월등히 많음을 생각하면 팔로워십에 대해 말하지 않는다는 것은 이상하다. 리더가 팔로워 위에 있다는 제왕적 사고가 우리 사회를 지배하고 있기 때문인지 모른다.

그러나 팔로워십은 리더십보다 먼저 고려되고 추구되어야 할 가치이다. 사회에 첫발을 내딛는 사람들, 새로운 삶의 여정을 시작하는 사람들에게 가장 먼저 추구되어야 할 가치이다. 팔로워 없이는 리더가 성립할 수 없기 때문에 리더가 되려는 사람일수록 훌륭한 팔로워십을 먼저 발휘해야 한다.

팔로워란 단순히 리더 밑에서 지시를 받아 그것을 이행하는 사람이 아니다. 위키디피아의 설명처럼 지도자를 '능동적'으로 따르는 사람을 말한다. 하지만 일에 대한 보상으로 돈이 쥐어지는 회사에서 능동적으로 리더를 따르기란 쉽지 않다. 그저 자신이 속한 그룹 지도자의 지시를 '수동적'으로 따르는 사람이 대부분이다.

이런 점을 생각해보면, 진정한 팔로워들이 많은 곳은 정치인과 연예인을 비롯해 유명인을 좋아하는 사람들이 만든 팬카페라고 할 수 있다. 팬들은 대가를 바라지 않고 자발적으로 모여든다. 자신의 활동이나 관심에 대한 보상을 바라지 않는다. 자신이 좋아하는 사람을 추종하는 것만으로 만족한다.

조직의 성패는
팔로워들에게 달려 있다

우리는 진정한 팔로워십을 『삼국지』
의 유비와 제갈공명의 관계에서 찾아볼 수 있다. 유비는 제갈공명
을 만나기 전까지는 황실 후손임에도 별다른 근거지 없이 떠돌이생
활을 하고 있었다. 그의 나이 47세. 반면 제갈공명은 '와룡선생'이라
불리며 그를 얻으면 천하를 얻게 된다는 말이 있을 정도로 지식인
들이 떠받드는 인재였다. 이런 그가 유비의 삼고초려를 통해 세상으
로 나아가면서 훌륭한 팔로워십을 발휘하기 시작했다.

그 유명한 적벽대전에서 유비는 제갈공명의 지략으로 오나라 손
권과 동맹을 맺고 남으로 쳐들어오는 위나라 조조군을 크게 물리쳤
다. 그 결과 유비는 전략적 요충지였던 형주를 손에 넣었고 촉나라
를 세워 천하삼분지계를 이룰 수 있었다. 유비는 제갈공명으로부터
군사적 지식뿐 아니라 세상의 이치를 관통하는 여러 지식들도 배웠
다. 유비는 "내가 공명을 얻은 것은 고기가 물을 만난 것과 같다"라
고 말할 정도로 그를 신뢰했다.

이후 관우와 장비가 죽고 유비마저 그 뒤를 이었다. 유비는 죽기
전 자신의 아들이 부족하면 언제든지 황제의 자리를 대신해도 좋다
는 유언을 제갈공명에게 남겼다. 하지만 제갈공명은 유비의 아들 유
선을 황제로 모시고 끝까지 촉나라를 위해 헌신하다가 54세의 나이
로 병사했다. 이 같은 면모를 보면, 제갈공명이야말로 진정한 팔로

워십을 발휘한 인물임이 틀림없다. 빈털터리였던 유비가 마침내 나라를 얻고 황제의 자리까지 오를 수 있었던 것은 바로 제갈공명이라는 팔로워를 곁에 두었기 때문이다.

이 이야기에서 알 수 있는 바, 조직이 성공적으로 운영되기 위해서는 능력 있고 헌신적인 팔로워가 많이 있어야 한다. 조조가 그토록 인재를 등용하는 데에 힘쓰고 그들을 최고로 대접해주었던 이유이기도 하다. 또한 조조가 이끄는 위나라가 삼국 중에 가장 강한 나라로 있을 수 있었던 주요 원인도 그의 주변에 당대 최고의 인재가 많이 있었기 때문임을 누구도 부정할 수 없을 것이다.

팔로워십이 『삼국지』 같은 이야기 속에만 있는 것은 아니다. 학교와 회사, 국가에서도 팔로워십은 이제 필수다. 사회초년생들이 처음으로 회사에 입사했을 때도 리더십이 아닌 팔로워십을 가르쳐야 한다. 수직적이고 위계적인 구조에서 수평적 관계가 중요해진 구조로 변화된 오늘날의 리더십을 위해서라면 더더욱 훌륭한 팔로워들이 필요하다.

회사가 아닌 구성원 스스로가 원해서 가입하고 활동하는 모임이나 단체에서는 팔로워십이 자연스럽게 발휘되기 마련이다. 이러한 조직에서는 누가 시키지 않아도 주어진 임무에 최선을 다해서 수행한다. 자신이 좋아서 한다는 강력한 동기가 있기 때문이다.

회사에서는 어떨까? 같은 회사 안에서도 성공적인 조직도 있지만 분위기부터 어둡고 항상 마이너스 실적을 내는 조직도 존재한다.

다양한 원인이 있겠지만 가장 큰 이유는 진정한 팔로워가 없기 때문이다. 그럼 스스로 리더를 선택하기 어려운 회사에서는 어떻게 팔로워십을 발휘할 수 있을까? 고생해서 어렵사리 취업은 했는데 이제 팔로워십을 발휘하라니, 벌써 머리가 아파올 수도 있다. 충분히 이해한다. 그럼에도 개인이 조직의 리더가 아닌 이상 팔로워십부터 먼저 발휘하며 힘써야 하는 이유는 결국 팔로워십이 나의 발전과 직결되기 때문이다.

자기 인생의
리더가 되려면

제갈공명이라는 훌륭한 팔로워가 유비를 황제로 만들었듯이 당신이라는 훌륭한 팔로워를 얻은 당신의 리더 혹은 그 조직은 회사 내에서 빛나는 팀이 될 수 있다. 그렇게 만들 수 있었던 당신의 노고와 재능은 누가 말하지 않아도 이미 회사 내에서 회자될 것이고, 그것은 결국 당신에게 승진, 보너스, 연봉 인상과 같은 발전을 이끌 것이다. 물론 팔로워십을 발휘한다는 명목 아래 자신의 모든 것을 희생하여 회사에 몸 바쳐 일하라는 말을 아니다.

우선 회사에 다닌다는 것의 정의를 바꿀 필요가 있다. 나에게 회사란 더 나은 삶을 만들기 위한, 다양한 경험을 쌓을 수 있는 '인생학교'다. 어떤 학교에서든 졸업이 있듯이 나도 언젠가는 이 '인생학교'를 졸업할 것이다. 즉 나는 회사에서 하는 모든 일을 결국 '배운다'라는 생각으로 임하고 있다. 대학에서는 등록금을 내고 배우지만 이 '인생학교'는 많은 것을 배우면서 돈도 쥐어주니 얼마나 좋은 곳인가! 배운다는 마음가짐으로 일을 하면 어려운 일을 맡거나 새로운 일이 맡겨질 때 호기심을 가지고 긍정적인 자세로 대할 수 있다. 그때 자연스럽게 팔로워십이 발휘된다. 회사뿐 아니라 단체, 모임, 학교 등 자신이 몸담고 있는 곳에서 왜 그곳에 있는지, 왜 그것을 하고 있는지 그 이유를 찾아야 한다. 도무지 이유를 찾을 수 없다면 당신이 진짜 원하는 것이 아닐 확률이 높다. 그렇다면 당연히 팔로워십도 발휘할 수 없다.

팔로워십을 발휘한다는 것은 곧 자신의 의지대로 움직인다는 것과 같다. 다시 말해, 팔로워십을 발휘하면 스스로 자기 인생의 리더가 될 수 있다. 주변 환경에 휩쓸리는 대신 능동적으로 일을 하고, 소신대로 선택하며 자신의 마음과 열정을 따른다는 것 자체가 자신이 리더라는 지표이기 때문이다. 자기 자신의 리더가 되기 위해 우선 자신이 속한 곳에서 팔로워십을 발휘해보자.

4. 노력

시작했으면
끝장을 본다

불공평한 세상에서
유일하게
공평한 것

모두에게
절대적으로 공평한 것

　　　　　　　2016년 국제통화기금(IMF)이 아시아 22개 국가를 대상으로 '아시아의 불평등 분석' 조사를 실시했다. 그 결과 대한민국은 아시아에서 소득 불평등이 가장 높은 것으로 나타났다. 보고서에 따르면 우리나라 상위 10퍼센트의 소득 점유율은 45퍼센트이다. 싱가포르(42%), 일본(41%), 뉴질랜드(32%) 등 22개국 가운데 가장 높은 비율로서 소득 분배 정도가 최악인 것으로 나타났다.

　부잣집에서 태어난 자식들은 큰 노력 없이 더 큰 부자가 되고, 가난한 집에서 태어난 자식들은 아무리 노력해도 가난의 굴레에서 벗어나기 힘들다. 신문기사나 TV에서 보도되는 재벌들이나 부자들의 씀씀이는 일반 가정에서 평생 벌어 모으기만 해도 넘볼 수 없는 수준이다. 반면에 우리 사회의 많은 사람들이 하루 종일 일해도 하루 벌어 하루 먹고살기에도 벅찬 삶을 살아가고 있다.

언제부터인가 우리 사회가 점점 양극단으로 벌어지고 있다. 다 같이 출발하고 있는 듯 보이지만 사실은 너무나도 다른 출발선에서 불공평한 게임을 하고 있는 것이다. 금수저, 흙수저라는 말이 흔히 사용되고 열심히 살아보고자 하는 의지마저도 꺾어버린다.

많은 사람들이 세상은 불공평하다고 생각한다. 내가 아무리 발버둥 쳐도 나보다 더 잘난 사람들은 차고 넘친다. 하루 종일 구슬땀을 흘려 일을 하더라도 자본가들이 아무것도 하지 않고 얻는 임대수익이나 배당수익에 비하면 개미의 눈물만큼도 되지 않는다. 이렇게 대다수의 사람들이 불공평한 게임을 하고 있다. 일부 소수의 승자들에게 지배받는 이런 구조에서 우리는 무엇에서 희망을 찾아야 하는 것일까?

이렇게 불공평한 세상이지만, 다행히도 신은 우리 모두에게 절대적으로 공평한 것을 하나 주었다. 그것은 바로 '시간'이다. 돈이 아무리 많아도, 그리고 아무리 가난해도 모든 사람에게는 하루 24시간, 일주일, 한 달 그리고 1년, 똑같은 시간이 주어진다. 우리가 불공평한 세상에서 유일하게 기대할 수 있고 사용할 수 있는 것은 바로 이 절대적으로 공평하게 주어진 시간밖에 없는지도 모른다.

조금만 관심을 가지고 찾아보면 시간의 중요성에 대해 강조한 사람과 글은 무수히 많다. "거리낌 없이 한 시간을 낭비하는 사람은 아직 삶의 가치를 발견하지 못한 사람이다"라고 찰스 다윈은 말했다. 그리스의 철학자 테오프라스토스는 "우리가 쓰는 것 중 가장 값비싼 것은 시간이다"라고 말했다. 벤저민 프랭클린은 시간의 중요성에 대해 강조하며 다음과 같이 말했다.

> "그대는 인생을 사랑하는가? 그렇다면 시간을 낭비하지 말라. 왜냐하면 시간은 인생을 구성한 재료니까. 똑같이 출발했는데, 세월이 지난 뒤에 보면 어떤 사람은 뛰어나고 어떤 사람은 낙오자가 되어 있다. 이 두 사람의 거리는 좀처럼 접근할 수 없는 것이 되어버렸다. 이것은 하루하루 주어진 시간을 잘 이용했느냐 이용하지 않고 허송세월을 보냈느냐에 달려 있다."

시간이
목숨과 같다면

시간을 어떻게 사용하느냐에 따라서 인생이 달라진다. 시간의 중요함을 잘 알고 활용하는 사람이야말로 자신의 한계를 넘어 성공할 수 있다. 사실 시간이 중요하다는 것은 모두 다 알고 있다. 그럼에도 알게 모르게 버리는 시간들이 너무나 많다. 만약에 시간이 공평하게 주어지는 것이 아니라면 어떨까? 게

다가 시간이 자신의 목숨과도 같다고 한다면 어떨까? 그래도 낭비하는 시간이 많을까?

영화 <인타임(In time)>은 바로 이러한 이야기를 담고 있는데, 우리로 하여금 시간에 대해서 다시 한번 생각하게 해준다. 이 영화에서 모든 사람은 25세가 되면 노화가 멈추고 1년분의 시간이 자신의 팔에 새겨진다. 그리고 앞으로의 모든 소비와 소득은 이 시간으로 계산된다. 커피 한 잔은 4분, 버스요금은 2시간, 스포츠카는 59년과 같이 시간이 화폐처럼 사용되는 세계이다. 팔에 새겨진 시간이 0이 되는 순간, 그 사람은 심장마비로 사망하게 된다. 반면에 수백 년의 시간을 가진 부자들은 영생을 누릴 수 있다.

가난한 사람들은 죽지 않기 위해 매일 고된 노동을 통해 하루 정도의 시간을 받고 그것으로 겨우겨우 살아간다. 반면 부자들은 자신이 가진 무수한 시간으로 도박과 유흥에 빠져들어 하루하루를 흥청망청 보낸다. 어떤 계기로 인해 주인공은 이러한 세계의 비밀에 대해서 알게 되고 불공평하게 시간이 주어지는 세상을 깨버리기로 다짐한다.

만약에 지금 우리가 가진 시간도 이 영화에서처럼 목숨과 같다면, 그래서 시간을 낭비할수록 나의 죽음이 더 빨리 다가온다면, 그때도 우리는 시간을 허투루 쓸 수 있을까? 아마 1분, 1초 아껴가며 자신이 어디에 시간을 사용하고 싶은지 생각하고 또 생각해서 소중하게 사용할 것이다.

우리 대부분은 영화에 등장하는, 시간을 무수히 가진 부자들처럼 시간을 낭비하면서 산다. 물론 개인이 자신의 시간을 어떻게 사용하는지는 온전히 자신의 선택이다. 같은 시간에 게임을 할 수도 있고 영화를 볼 수도 있다. 피곤한 사람은 잠을 잘 수도 있고 학생이라면 그 시간에 공부를 할 수 있다.

하지만 자신의 삶을 변화시키기를 바라고, 더 나은 내가 되고자 다짐한 사람이라면 그 누구보다 이 시간의 흐름에 주목해야 한다. 무슨 짓을 해도 시간은 나를 위해 멈춰주거나 천천히 흐르지 않기 때문이다.

그렇다면 시간을 어떻게 사용해야 할까? 한때 이런 고민에 대한 해결책으로 크게 사랑받은 시간 관리 다이어리가 있다. 『성공하는 사람들의 7가지 습관』의 저자 스티븐 코비가 벤저민 프랭클린의 습관을 토대로 디자인한 프랭클린 다이어리가 바로 그것이다.

이 다이어리는 스케줄을 정밀하게 관리해 시간 관리를 효율적으로 사용하는 데에 초점이 맞추어져 있다. 일의 중요도를 A, B, C로 나눈 뒤 처리 순서별로 1, 2, 3등의 숫자를 붙인다. 그리고 반드시 해야 할 일, 가까운 시일 안에 해야 할 일, 할 수 있다면 해야 할 일 등으로 구분 짓고 진행상태를 기호로 표시, 일일 지출, 그날의 중요한 일 등 나름의 규칙에 맞추어 작성하게 디자인되어 있다.

잘만 작성한다면 개인의 시간 관리에 큰 도움이 되는 것은 분명하다. 문제는 다이어리를 매일 이렇게 꼼꼼하게 관리하기가 너무 힘들다는 것이다. 사람의 의지력은 생각보다 약하고 하루 이틀 다이어리의 빈 공간이 늘어나기 시작하면 이윽고 다이어리는 책장 어느 깊은 곳에 처박힌다. 그리고 이것 하나 지키지 못했다며 스스로 자괴감에 빠지는 것이다. 그래서 나는 이렇게 세세하게 시간을 관리하기 전에 버려지는 시간이나 남는 시간을 이용해 유익한 활동을 규칙적으로 실행하는 방법을 권하고 싶다. 예를 들면 다음과 같다.

출퇴근을 할 때 책을 들고 나가 버스나 지하철 자리에 앉게 되면 무조건 책을 펼칠 것. 일주일에 월, 수는 퇴근 후에 무조건 헬스장으로 직행할 것. 매주 목요일은 절대 TV를 보지 않을 것. 잠들기 전에 단 한 줄이라도 책을 읽을 것. 이처럼 작지만 중요하고 지키기 쉬운 자신만의 약속을 만들어 목숨 걸고 지키는 것이다. 이 약속을 반드시 지켜 반복하게 되면 그것은 어느새 습관이 된다. 동시에 시간도 알차게 보낼 수 있다.

버려지는 시간을
좋은 습관을 들이는 데 투자하라

결국, 시간을 잘 사용하는 최고의 방법은 좋은 습관을 들이는 것이다. 매일 출퇴근 시간 지하철에서 10분씩 책을 읽는 습관이 생긴다면 일주일이면 50분, 한 달이면 세 시간 반 정도의 시간이 된다. 이 정도면 웬만한 책 한 권 정도는 읽을 수 있다. 일주일에 두 번, 한 시간씩만 운동하는 습관이 들어도 평생 건강하게 살 수 있다. 일주일에 하루만 TV를 보지 않는다고 하면 적어도 한두 시간은 다른 유익한 일에 사용할 수 있다.

시간을 유용하게 사용할 수 있게 해주는 습관을 들이는 것이 중요하다. 그리고 이 습관은 꾸준함을 통해 만들어진다. 꾸준한 노력이야말로 시간의 힘을 내 것으로 만드는 가장 좋은 방법이다. 한 사람의 인생은 자신에게 주어진 시간을 어떻게 사용하느냐에 달려 있다고 해도 과언이 아니다. 세상이 불공평하다고 불평만 하기에는 흘러가는 시간이 너무 아깝다. 그 시간에 자신을 발전시키고 변화시킬 수 있는 좋은 습관을 만들기 위해 노력해야 한다. 그 습관들이 시간을 효율적이고 소중하게 사용할 수 있는 능력을 만들어줄 것이며 궁극적으로 당신을 변화시킬 것이다.

세상이 불공평하다고 느껴지는가? 그 불공평한 세상을 공평하게 만들 수 있는 방법은 오직 하나다. 지금 당장 자신이 시간을 어떻게 사용하고 있는지 점검하고 버려지는 시간들을 활용하는 것. 그리고 그 시간을 모두 좋은 습관을 만드는 데에 투자하는 것. 이것이 바로 세상을 공평하게 만드는 유일한 방법이다. 시간의 힘은 강하다. 그 힘을 믿어보자. 가장 강력한 시간이라는 힘을 어떻게, 그리고 얼마큼 꾸준히 사용하느냐에 따라 인생이 바뀔 것이다.

42.195km
마라톤 완주의
비밀

마라톤의
추억

        몇 해 전 회사에 새로운 독일 사장님이 오시고 나서 원하는 직원들에 한하여 함께 참여하는 행사가 생겼다. 다름 아닌 마라톤대회다. 3년 전 나도 동기들과 함께 참가했다. 마케팅부서는 단체 셔츠를 제작했고, 직원들은 퇴근 후 삼삼오오 모여 연습을 했다.

  일부 마라톤 선수에 버금가는 실력과 경험을 갖춘 직원들은 42.195km 풀코스를, 나를 포함한 대부분의 직원들은 10km 코스에 참여했다. 뚝섬유원지에서 출발하여 잠실대교를 건너 잠실주경기장까지 달리는 10km 코스였다. 대회가 시작되자 5,000명은 훌쩍 넘어 보이는 사람들이 모두 한 발 한 발 뛰어나가기 시작했다.

처음에 웃고 떠들던 사람들의 모습이 점점 사라져가면서 5km를 넘어서자 이내 걸어가기 시작하는 사람들이 속출했다. 다들 진지한 모습으로 혼자만의 싸움을 하고 있었다. 그것은 나도 마찬가지였다. 오직 들이마시고 내쉬는 숨과 그에 맞춰 움직이는 팔, 다리의 감각에만 온 신경을 곤두세우고 있었다.

7km를 넘어서고 나서 고비가 찾아왔다. 뜨거운 아스팔트와 타는 듯한 갈증, 쇳덩이처럼 무거워진 다리를 더 이상 움직일 자신이 없었다. 이윽고 그냥 걸어서 가야겠다는 충동이 밀려왔다. 하지만 한번 걷기 시작하면 다시 뛰기는 더 힘들다는 것을 경험으로 알고 있었다. 그래서 속도를 조금 줄이고 악착같이 계속 뛰었다. 8km를 돌파하고 9km 지점에 다다르자 무거웠던 몸이 오히려 가벼워짐을 경험했다.

결승선이 가까워올수록 오히려 더 속도를 높였다. 그것이 정확히 무언지는 모르지만 왠지 몸속에서 기쁨과 행복, 무한한 뿌듯함이 솟아올랐다. 발에도 힘이 차오르기 시작했다. 마침내 잠실주경기장에 들어서서 마지막으로 경기장 한 바퀴만 남겨놓고 그날 가장 빠른 속도로 경기장을 돌아 골인 지점을 통과했다. 목표는 한 시간 안에 10km를 돌파하는 것이었는데 56분의 기록으로 무사히 결승선을 통과할 수 있었다.

사실 10km 마라톤은 처음이 아니었다. 회사에서 주최하는 마라톤에 아무 고민 없이 바로 등록할 수 있었던 것도 고등학교 때 매년 한

번씩 했던 10km 마라톤을 통해 이미 많은 것을 배운 바가 있기 때문이었다.

내가 다니던 고등학교에서는 봄이 되면 봄예술제라는 이름의 전교생 체육대회가 열렸는데 3일간 모든 수업을 전폐하고 이루어지는 제법 큰 행사였다. 체육대회의 마지막 날에 전교생이 모두 참여하는 종목이 바로 마라톤이었다. 여학생은 5km, 남학생은 10km를 달렸고 완주만 하면 등수에 큰 차등을 주지 않고 높은 점수를 주었다. 그렇기 때문에 각 반마다 얼마나 많은 학생이 마라톤을 완주하였는가가 우승하는 반을 결정하는 데에 큰 요인으로 작용했다.

달리기를 하면서
얻은 것들

체육대회에서 처음으로 10km를 리던 날, 그날의 풍경과 분위기를 나는 아직도 기억한다. 학교를 벗어나 시골길로 접어들어 푸른 들판과 뭉게뭉게 모여 있는 구름들 사이로 부지런히 발걸음을 옮겼다. 자연 속을 뛰면서 학업에서 벗어난 자유로움을 느꼈다.

그러나 반환점을 돌고 얼마 안 되어 아름다운 풍경마저 눈에 보이지 않고 천근만근 무거운 다리에 결국 걸어갈 수밖에 없었다. 그런데 걷기 시작하자 오히려 더 힘이 들었다. 다리는 어느새 뛰는 패턴에 익숙해져 있었고 갑자기 느려진 다리가 더 힘들어 하고 있었던 것이다. 안간힘을 다해 다시 뛰기 시작했다. 속도는 느렸지만 나름의 박자에 맞춰 호흡을 하며 계속 뛰기를 멈추지 않았다. 그렇게 무사히 코스를 완주하고는 물을 벌컥벌컥 들이마신 뒤 잔디밭에 그대로 누워 하늘을 바라보았다.

그때 마음속에 차오르던 묘한 행복감과 뿌듯함, 그리고 같은 경험을 함께한 친구들과의 공감과 울림을 잊을 수가 없다. 달리기라는 것을 통해 내가 몸으로 배운 소중한 경험이었다. 그 후로도 종종 학업이나 스트레스로 몸과 마음이 힘들 때면 야간자율학습 수업을 마치고 어두컴컴한 학교 운동장을 맨발로 뛰었다. 그럴 때면 어김없이 마음속에 있던 근심과 스트레스가 어느 정도 해결되곤 했다.

달리기를 통해 스트레스와 근심을 해결하거나 마라톤을 하던 중에 이상하게 기분이 좋아지고 힘이 나며 더 나아가 희열을 느끼게 되는 것은 심리적인 요인만은 아니다. 과학적으로도 증명된 이 현상을 '러너스 하이(Runner's high)'라고 부른다. 러너스 하이는 오르가즘의 느낌과 유사하다. 시작과 끝이 분명하고 주로 30분 이상의 강도 있는 유산소 운동에서 잘 나타난다고 한다. 이때 뇌에서 분비되는 물질이 바로 엔도르핀인데, 이는 뇌하수체 전엽에서 분비되어 통증을 억제하며 그 효과가 마약인 모르핀보다 100배나 강해 체내 모르핀이라 불린다. 이런 엔도르핀의 작용 때문에 실제로 운동중독이라는 현상도 나타나는 것이다.

다시 마라톤 이야기로 돌아가보면, 누구나 마라톤이 우리의 인생과 닮았다는 사실을 잘 알고 있을 것이다. 거기에 하나 더하자면, 마라톤은 우리가 어떻게 좋은 습관을 만들 수 있는지에 대해 그 방법을 제시해준다.

누군가가 마라토너에게 마라톤 풀코스를 완주할 수 있는 비결을 묻는다면 그는 이렇게 답할 것이다. "먼저 1,000미터를 달립니다. 힘들지 않다면 한 번 더 1,000미터를 달려보세요. 이제 그렇게 마흔한 번만 더 달리면 됩니다." <지식채널e>에 소개된 김연수 소설가의 대답이다.

누군가가 어떻게 해야 좋은 습관을 만들 수 있는지 묻는다면 나는 이렇게 대답할 것이다. "당신이 가지고 싶은 습관을 일단 오늘 하루 실천해보세요. 그리고 내일도 실천하세요. 다음 날도, 다음 달도 계속, 그렇게 1년 동안 실천하세요." 계속 뛰다 보니 어느새 달리는 것이 걷는 것보다 더 편해지는 것처럼 계속 반복하다 보면 어느 순간 습관이 된다.

너무 평범한 대답이라고 생각하는가? 인생의 진리에 가까워질수록 그 해답은 간단하기 마련이다. 공자 또한 "멈추지 않는 이상, 얼마나 천천히 가는지는 문제가 되지 않는다"라고 말하지 않았던가. 한 발 한 발 계속 내딛으며 멈추지 않는 것, 매일 자신이 하고자 하는 것을 꾸준히 실천하는 것, 그것이 바로 원하는 인생을 살고 싶은 사람이 가져야 하는 마음가짐이다.

일단 오늘 하루만
실천해보세요

　　　　　　　다시 한번 잘 생각해보면, 마라톤을 완주하는 비결은 우리가 성공적인 인생을 살아가는 방법과 다르지 않음을 알 수 있다. 소설가 무라카미 하루키는 달리기 매니아이다. 그는 『달리기를 말할 때 내가 하고 싶은 이야기』에서 다음과 같이 말했다.

> "아무리 달리는 스피드가 떨어졌다 해도 걸을 수는 없다. 그것이 규칙이다. 만약 자신이 정한 규칙을 한 번이라도 깨트린다면 앞으로도 다시 규칙을 깨게 될 것이고, 그렇게 되면 이 레이스를 완주하는 것은 아마도 어렵게 될 것이다. 계속 달려야 하는 이유는 아주 조금밖에 없지만 달리는 것을 그만둘 이유라면 대형트럭 가득히 있기 때문이다. 우리에게 가능한 것은 그 '아주 적은 이유'를 하나하나 소중하게 단련하는 일뿐이다."

　그가 세계적으로 사랑받는 작가가 될 수 있었던 비결은 바로 이런 자세에서 단련되어왔다고 나는 믿는다. 나도 그리고 당신도 어떤 일을 해나가기로 결심하자마자 그것을 계속할 수 없는 수백 가지의 이유가 생겨남을 안다. 하지만 하루키가 그것을 해야만 하는 '아주 적은 이유'를 마라톤을 통해 단련해왔듯이 우리도 결심했던 그 일과 해야만 하는 궁극적이고 중요한 목표를 좋은 습관 만들기를 통해 끊임없이 단련해야 한다.

조급해하지 말고 마라톤을 완주하듯 꾸준히 1년만 실천해보자. 그렇게 하루하루 그리고 끊임없이 실천함으로써 습관을 만들고 단련해나가는 것이다. "세상의 중요한 업적 중 대부분은 희망이 보이지 않는 상황에서도 끊임없이 도전한 사람들이 이룬 것이다"라는 데일 카네기의 말처럼 꾸준히 하다 보면 언젠가는 그 목표에 도달하게 된다.

좋은 습관들을 매일매일 단련해나가다 보면 어느 순간 임계점을 넘어 마침내 마라토너가 느끼는 러너스 하이처럼 당신 또한 당신 인생의 '하이(high)'를 경험하게 될 것이다.

끝날 때까지
끝난 것이
아니다

포기하고 싶을 때마다
애니메이션을 본다

　　　　　　　　　　　　"성공의 겉모습만큼 성공하는 것은
없다." 미국의 역사학자 크리스토퍼 래쉬의 말이다. 그의 말처럼 우
리는 성공한 사람들의 이야기에 쉽게 현혹되곤 한다. 돈을 많이 버
는 성공을 바라기 때문이다. 성공한 사람들의 이야기를 접하면 그들
의 노력이나 실패보다 그들이 이루어낸 성과에만 집중한다. 그들이
살아온 길과 방법을 고민하지 않은 채 따라 하려고만 한다. 하지만
그렇게 해서는 그들이 이룩한 성과를 절대 똑같이 만들어낼 수 없
다. 각자가 가진 재능이 다를 뿐만 아니라 모두 다른 인생의 사명을
가지고 태어나 살아가기 때문이다.
　성공한 사람들의 화려한 겉모습을 부러워할 것이 아니라 그들을

그렇게 만들어준 그들의 집념과 노력, 그리고 철학과 습관을 부러워해야 한다. 동시에 자신에게 그러한 집념이 있는지, 자신만의 철학과 습관이 있는지를 먼저 깊이 생각해보아야 한다. 자신의 목표를 이룬 사람들에게는 공통점이 많다. 그중에서도 가장 중요한 요소는 바로 포기하지 않는 근성이다.

나에게는 이런 포기하지 않는 근성을 가르쳐주는 매개체가 하나 있다. 다름 아닌 애니메이션이다. 고등학교 때부터 보기 시작한 애니메이션을 서른이 훌쩍 넘은 지금까지 거의 매주 거르지 않고 한두 편씩 보고 있다. 그렇다. 나는 사람들이 말하는 애니메이션 덕후에 속하는지도 모르겠다.

불과 얼마 전까지만 해도 매니아를 지칭하는 '덕후'라는 말은 대개 안 좋은 의미로 사용됐다. 특히나 애니메이션이나 게임, 만화 등의 덕후라고 하면 주변에서 보는 시선이 곱지 않았다. 지금은 덕후에 대한 공감대가 어느 정도 형성되어 좋은 의미로도 많이 알려졌지만 여전히 애니메이션을 매주 본다고 하면 바라보는 시선이 곱지 않은 것이 사실이다.

그럼에도 내가 매주 애니메이션을 거르지 않고 보는 이유는, 사람들이 하찮게 생각하는 그 애니메이션으로부터 많은 것을 배우고 동기부여받기 때문이다. 그중에서 내가 가장 좋아하고 매번 동기를 부여받는 부분은 주인공의 포기하지 않는 근성이다.

영화나 만화를 보면 대개 주인공이 포기하지 않는 근성으로 사건이나 에피소드를 헤쳐나간다. 이러한 설정은 소년만화에서 그 절정에 이른다. 어찌 보면 조금은 유치하고 뻔한 내용인지도 모르나 나는 매번 그런 스토리에 완전히 몰입해 주인공과 하나가 된다. 웬만큼 슬픈 영화를 보면서도 잘 울지 않던 나는 <원피스>를 보면서는 몇 번이고 울었다. 그럴 때마다 주인공이 가진 불굴의 의지가 나에게도 샘솟는 듯한 기분을 느끼곤 한다.

　실제로 일상생활에서 포기하고 싶거나 하기 싫은 생각이 들 때마다 내 책상에, 차에, 핸드폰 화면에 있는 애니메이션 주인공이 나에게 말을 한다. '포기하지 말아라! 그리고 꿈을 이루어라!' 그렇게 매번 가상의 캐릭터로부터 동기부여를 받는다.

포기하지 않는 자의
결말

　　　　　　　　　　　포기하지 않고 끝까지 가다 보면 뜻하지 않은 행운을 만나기도 한다. 2002년 솔트레이크시티 동계올림픽에서 쇼트트랙에 출전했던 호주 국가대표 스티븐 브래드버리 선수의 이야기다. 당시 그의 나이는 29세. 아무도 노장인 그가 좋은 결과를 낼 것이라고 예상하지 않았다. 언론도 전혀 주목하지 않았다. 그런 그는 예선전에서 상대적으로 쉬운 선수들과 배정되어 1등으로 통과했고, 준준결승에서는 꼴지로 달리다가 한 선수가 넘어져 3위가 되고 또 2위를 했던 마크 가뇽의 반칙이 인정되어 결국 그가 2위로 3라운드 준결승에 진출했다.

준결승에는 전 대회 우승자인 대한민국의 김동성 선수와 은메달리스트인 중국의 리자쥔이 있었다. 여기서 놀라운 일이 벌어진다. 경기 도중 리자쥔의 발목에 김동성 선수가 걸려 함께 넘어졌고 막판에 선수들이 전부 얼음판에 나뒹굴면서 그는 또 2위로 통과했다. 그런데 1위가 실격으로 처리되었다. 그 결과 브래드버리는 1위로 결승전에 올라갔다. 결승에는 당대 최고 선수였던 안현수 선수와 미국의 실력자 안톤 오노 등 쟁쟁한 선수들이 있었다. 초반부터 브래드버리는 꼴찌로 트랙을 돌고 있었다.

결승선을 반 바퀴 남겨두고 어드밴티지로 올라왔던 리좌쥔이 코너에서 넘어지며 안현수 선수의 스케이트날을 건드려 같이 넘어졌고 안현수 선수가 넘어지며 근처에 있던 다른 선수들까지 함께 넘어지고 말았다. 결국 멀찌감치 뒤에서 오던 브래드버리는 그 틈을 잘 피해 1위로 통과해 우승을 차지했다. 그가 딴 금메달은 호주의 첫 동계올림픽 금메달이자 남반구 최초의 동계올림픽 금메달이었다.

소감을 묻는 인터뷰에서 브래드버리는 "이건 이겨서가 아니라 지난 10여 년간 최선을 다해서 주는 상인 것 같다"라고 말하며 기쁨을 감추지 못했다. 노장임에도 포기하지 않고 10년간 꾸준히 노력한 그에게 행운의 여신이 찾아간 것이 아닐까.

브래드버리의 이야기만 보면 근성보다는 행운이 더 크게 작용한 것이라고 생각할 수도 있다. 그렇다면 다음의 이야기도 한번 들어보자. 왼손의 검객 타카미야의 이야기다.

타카미야는 한 살 무렵 부모가 한눈파는 사이 탈곡기에 손을 잘못 집어넣어 오른쪽 팔꿈치 앞부분을 모두 잃는 끔찍한 사고를 당했다. 그래서 어릴 때부터 한 팔로 생활해야 했는데 그는 항상 주변 사람들이 자신을 도와주는 것에 대해 부담감을 느꼈다. 특히 부모가 자신의 사고에 대해 죄책감을 가지고 살아간다는 사실을 못 견디게 싫어했다.

여섯 살이 되던 날, 타카미야는 어머니와 함께 검도도장을 방문했다. 그리고 그곳에서 패기 넘치는 검객들의 모습에 반해 검도를 시작하게 되었다. 하지만 검도를 시작하자마자 그는 벽에 부딪혔다. 한 손으로는 검을 휘두르는 속도가 다른 사람들에 비해 현저하게 느렸고 검조차 힘이 부족해 번번이 놓치곤 했다. 타카미야는 포기할 수 없었다. 한 손으로도 남들만큼 잘한다는 사실을 증명해 부모가 짊어진 죄책감을 없애고 싶었던 것이다.

그는 왼손을 철저히 단련하여 한 손으로도 웬만한 사람보다 빠른 힘과 속도를 가지게 됐다. 그 결과 중고교에서 주전으로 활약했으며 '왼손의 검객'으로 알려지기 시작했다. 곧 그는 고향을 떠나 명문 오사카 체육대학에 진학했다. 하지만 그곳에는 전국의 많은 강자들이 모여 있었고 그들과 겨루어보니 힘도 속도도 도저히 감당할 수 없었다. 또 큰 벽이 막아섰지만 그는 포기할 수 없었다. 포기하는 순간

부모의 죄책감은 더 커질 것이기 때문이다.

고민을 거듭하던 어느 날, 타카미야에게 어떤 생각이 스쳤다. 지금까지 그는 한 손으로도 다 할 수 있다고 생각했고 그렇게 하기 위해 노력했다. 하지만 그것이 자신의 생각을 억압하고 있었던 것이다. 그는 한 손이기에 가능한 기술을 생각해냈다. 그것은 바로 검의 길이를 자유자재로 조절하는 것이었다. 다른 선수들은 두 손을 사용하기 때문에 일정한 길이로만 검을 잡지만 한 손으로 죽도를 잡는 그는 상대와 가까이 있을 때는 짧게 잡아 남들보다 빠른 스피드를 만들어냈고 멀리 떨어져 있을 때는 죽도의 가장 끝을 잡아 남들보다 조금 더 길게 공격할 수 있었다.

이 전법으로 두각을 나타낸 그는 결국 학생부 일본 제일의 검객을 겨루는 도쿄대회에 참가하여 결승전에 올랐다. 그의 상대는 그보다 20센티미터나 크고 50킬로그램이나 더 나가는 거구였다. 제한시간 5분에 승부가 결정되지 않고 결국 연장전으로 돌입했다. 여기서는 한 점을 취하는 자가 바로 우승이었다.

하지만 시합은 결말을 맺지 못한 채 무려 40분이 경과했다. 한 손으로 싸우는 타카미야에게는 체력적으로 불리했고 왼손의 악력도 한계에 달했다. 결국 상대의 공격에 검을 놓치고 반 점을 먼저 허용했다. 하지만 그는 끝까지 포기하지 않고 다시 검을 거머쥐었다. 그는 왼손이라 할 수 있는 자신의 기술에 모든 것을 걸었다. 상대가 머리를 공격을 해오는 순간 그는 죽도를 짧게 잡고 순식간에 파고들어 상대의 빈 허리를 내리쳤고 마침내 한 점으로 인정받았다.

순간 경기장에는 거대한 환호가 일었고 그는 그렇게 우승을 했다. 그는 말했다. "한 손이라서 여기까지 올 수 있었다. 힘든 일로 달아나지 않고 맞서는 노력을 한다면 결과는 잘 따라온다."

그의 이야기를 읽으며 온몸에 소름이 돋았고 그의 이야기를 쓰는 지금 이 순간에도 또다시 짜릿한 전율을 느낀다. 한 손만으로 그렇게까지 할 수 있으려면 얼마나 피나는 노력을 해야 하는지 가늠하기도 힘들기 때문이다. 나는 그가 검도뿐만이 아니라 다른 어떤 것을 해도 성공할 수 있는 사람이라고 믿는다. 그에게는 누구보다 강한 포기하지 않는 근성과 집념이 있기 때문이다.

모소대나무는 지금
뿌리를 내리는 중

포기하지 않는 근성, 피나는 노력, 꾸준함 등은 너무나 많이 들어서 식상하다 못해 지겹다. 그러나 정작 우리는 일상생활에서 이런 것들을 얼마나 많이 잊고 있는가? 조금만 힘들면 금세 편함을 찾고 자신에게 닥친 벽 앞에서 포기할 수밖에 없는 핑계를 대고 있진 않는가? 같이 출발했지만 나보다 앞서가는 남들을 보면서 나는 재능이 없으니 틀린 것 같다며 포기해버리는 것은 아닌가? 하지만 결국 성공은 타고난 재능이 아니라 얼마나 꾸준히 노력하느냐에 달렸다.

　매일 책을 읽고, 글을 쓰고, 운동을 하고, 숙제를 하고, 공부를 해야한다고 말은 하면서 그것을 습관으로 만드는 데에 계속해서 실패하는 것은 성과가 바로 나타나지 않는다고 도중에 포기하기 때문이다. 그러나 우리가 노력하는 동안 앞으로 나타날 변화에 대비하기 위해 단단한 뿌리를 만들고 있음을 잊지 말아야 한다. 바로 모소대나무처럼 말이다.

　모소대나무는 중국의 극동지방에서만 자라는 희귀종이다. 모소대나무는 처음 4년이 지나도 불과 3센티미터밖에 자라지 않는다. 그러다가 5년째 되는 해에 하루에 무려 30센티미터가 넘게 자라고 6주만에 15미터까지 자라 순식간에 울창한 숲을 이룬다. 급격하게 자란 대나무 뿌리가 걱정된 농부들은 뿌리를 확인하기 위해 땅을 팠는데 결국 그 끝을 볼 수 없었다고 한다. 실제로 모소대나무의 뿌리는 수백 미터에 이른다. 사실은 모소대나무가 4년 동안 전혀 자라지 않다가 5년 되는 해에 한 번에 급격하게 자란 것이 아니라 처음 4년 동안 땅 속 깊숙이 뿌리를 계속 내리며 나중에 크게 자랄 자신의 모습을 대비하고 있었던 것이다.

　우리 주변에서도 이런 사람들을 쉽게 찾아볼 수 있다. 죽어라 열심히 노력해도 도무지 변하지 않는 사람이 바로 당신일지도 모르겠다. 하지만 모소대나무가 그러하듯 매일매일 열심히 노력하는 당신은 뿌리를 깊게 내리고 있는 중이다. 그 뿌리들 하나하나가 당신을 멋지게 변화시켜줄 좋은 습관이 될 것이다.

혹시 당신이 가지고 있지 못한 것을 탓하며 하루하루를 그냥 소비하고 있지 않는지 한번 생각해보자. 금수저, 흙수저 논리에 빠져 혹시나 위안하고 안도하고 있는 것은 아닌가? 또는 자신이 처한 환경이나 여건의 핑계를 대며 아무 노력도 하지 않은 채 불평불만만 하고 있는 것은 아닌가? 이미 실패한 것처럼 살고 있지는 않는가?

미국의 수필가 존 버로우스는 "인생에서 여러 번 낙담할 수는 있다. 하지만 그건 실패가 아니다. 다른 사람 탓을 하고 모든 시도를 멈추는 순간이 바로 실패다"라고 말했다. 진짜 끝날 때까지는 끝난 것이 아니다. 포기하지 않고 끝까지 가면 당신이 원하는 그것을 반드시 만나게 된다. 그러니 포기하지 말자. 모소대나무처럼 단단한 뿌리를 내리고 있음을 믿자. 윈스턴 처칠 또한 말하지 않았던가. "절대 절대 포기하지 마십시오."

5. 배움

성공의 변하지 않는
진리를 경험한다

소름 끼치도록
놀라운
그들의 공통점

무엇이
성공으로 이끄는가?

구글에서 실행된 '아리스토텔레스 프로젝트'에 대해 들어본 적이 있는가? 이 프로젝트는 구글의 수많은 팀들을 분석하여 어떤 팀이 무슨 이유에서 뛰어난 성과를 보이는지 그 요인을 찾아나서는 프로젝트이다. 팀장의 리더십, 팀원 개인의 능력, 팀원들 간의 성향 차이, 팀의 구성원 등 다양한 요인을 예상했지만 모두 빗나갔다.

구글 인력자원국 책임자는 프로젝트가 끝나고 그 결과를 전 직원에게 발표했다. "이번 연구에서 여러분이 배워야 할 가장 큰 교훈은 팀이 '어떻게' 운영되는지가 팀에 '누가' 있는지보다 더 중요하다는 사실입니다." 기존의 상식에서 완전히 벗어난 것이다. 뛰어난 팀원들이 아니더라도 그 팀이 어떻게 운영되는지, 즉 그 팀이 어떤 규범을 가지고 있는지가 성공을 좌지우지한다는 것이다. 그리고 성공의 핵심 규범을 다섯 가지로 발표했다.

> "첫째, 팀원들은 자신에게 주어진 일이 중요하다고 굳게 믿어야 한다. 둘째, 팀원들은 자신에게 주어진 일이 조직 전체에는 물론 팀원 개개인에게도 중요하다고 믿어야 한다. 셋째, 팀원들에게 팀의 분명한 목표와 개개인의 명확한 역할이 주어져야 한다. 넷째, 팀원들은 서로 신뢰할 수 있어야 한다. 마지막으로, 가장 중요한 규범은 팀에 심리적 안전감이 있어야 한다."

이러한 규범들 중에 가장 중요하다고 언급된 마지막 규범 '심리적 안전감'이란 다음의 두 가지로 다시 언급된다. "팀원들이 서로 신뢰할 수 있고, 회의에서 솔직하게 발언해도 응징을 받지 않을 거라고 확신할 때 그 팀은 성공한다. 성공하는 팀의 경우 팀원들이 대략적으로 동등한 발언권을 지니며, 상대의 감정을 헤아리는 감성적인 면을 보여준다." 이러한 심리적 안전감은 팀 리더의 솔선수범으로 인해 만들어질 수 있다고 말한다.

이렇듯 성공한 팀, 성공한 조직, 성공한 회사에는 그들이 공통적으로 가지고 있는 그 무엇이 있다. 그 '무엇'이야말로 그들이 남들보다 두드러지는 강점을 가지게 만드는 핵심 요인이며 성공의 비밀인 것이다. 구글의 아리스토텔레스 프로젝트를 좀 더 확대해서 나의 주변, 나아가 우리 사회에 적용하면 어떻게 될까? 우리 주변에 성공하거나 특출한 사람들을 동일한 방식으로 조사하면 그들만의 공통점이 있지 않을까?

공부 잘하는
학생들의 특징

고등학교 시절을 생각해보면 그곳에도 분명 공부 잘하는 친구들의 공통점이 있었다. 내가 다니던 고등학교는 전국에서 공부 잘하는 친구들이 모이는 인기 있는 자율형 사립고였다. 나도 중학교에서는 나름 공부 좀 한다는 축에 끼었지만 고등학교에서는 나보다 더 잘하는 친구들이 너무나 많았다. 나는 우물 안 개구리였다. 몇 번의 시험을 치르고 나자 어떤 친구들이 항상 상위권을 유지하는지 알게 되었다. 그 당시에는 크게 고민해보지 않았지만 지금은 잘 안다. 성적을 항상 잘 유지하는 친구들은 그들만의 공통점이 있었다.

언뜻 보아서는 그 공통점을 찾기 어려웠다. 어떤 친구는 전형적인 모범생 스타일에 운동신경은 꽝이어서 하루 종일 책만 붙들고 있었다. 또 어떤 친구는 운동도 잘하고 친구들과 일탈을 즐기기도 했지만 시험만 치렀다 하면 좋은 성적을 받았다. 상대적으로 공부시간이

긴 친구들도 있었고 집중적으로 짧게 하는 친구도 있었다.

개인의 역량 차이도 있었겠지만 다시 잘 생각해보면 한 가지의 공통점은 분명했다. 그들 모두가 자신만의 공부 원칙을 가지고 있었고 반드시 그 원칙을 지켰다는 것이다. 한 친구는 무슨 일이 있어도, 며칠이 걸려도 고민에 고민을 거듭하며 절대 답을 미리 보지 않는다는 원칙을 가지고 있었다. 다른 한 친구는 수업시간에 절대로 졸거나 다른 짓을 하지 않고 오직 수업에 집중해 그 시간에 모두 흡수한다는 원칙을 가지고 있었다. 이해가 되지 않는 것이 생기면 친구들의 눈치와 비난에도 아랑곳 않고 거듭 질문을 했고 끝까지 이해하려 노력했다. 또 다른 한 친구는 그야말로 노트 정리의 달인이었다. 수업시간에 필기한 내용은 물론이고 자신이 공부한 내용까지 노트에 정말 보기 좋게 정리하는 친구였다. 잘 정리된 노트 또한 아낌없이 친구들과 공유해주었다. 자신의 노트를 보며 친구들이 질문을 하면 그것이 자신에게 더할 나위 없이 좋은 피드백과 공부가 된다는 사실을 그 친구는 잘 알고 있었던 것이다.

이런 특징은 회사에서도 마찬가지다. 직장생활을 해본 사람이라면 잘 알겠지만 모두 같아 보여도 유난히 승진을 잘하거나 일을 잘하는 사람이 항상 있기 마련이다. 잘 관찰해보면 그들 모두에게서 찾을 수 있는 공통점이 있다. 항상 밝은 표정을 가지고 있어 모든 사람에게 호감을 산다거나, 보고서를 기가 막히게 작성을 잘한다거나, 정보 전달을 확실히 잘하고 주장이 명료하고 확실하다거나, 그들에겐 분명 공통점이 있다.

이렇듯 조금만 관심을 기울이면 어떤 분야에서든 일정한 성취를 이루어내거나 성공을 한 사람들에게서 공통점을 발견할 수 있다. 이러한 점들은 책을 통해서도 널리 알려졌다. 그중에 대표적인 것이 자기계발서의 아버지라고 불리는 나폴레온 힐이 쓴 『나폴레온 힐 성공의 법칙』이다.

저자는 빈곤과 역경으로 가득 찬 어린 시절을 보냈다. 그러다 법학대학원에 진학할 학비를 벌기 위해 신문사 기자로 일했는데 당시 어마어마한 성공을 거두었던 철강왕 앤드류 카네기를 만났다. 노인이었던 카네기는 자기계발 대가들의 성공에 관한 철학과 스토리를 들려주었고 그들의 생각과 사상이 인류 문명에 끼친 영향에 대해서 이야기해주었다.

그 이야기에 나폴레온 힐은 깊은 감명을 받았다. 카네기는 나폴레온 힐에게 모든 사람이 그들의 철학과 성공비결을 활용할 수 있게 체계화하도록 요청을 했다. 그 후 나폴레온 힐은 성공한 많은 사람들 중에 카네기가 주선해준 507명을 한 사람씩 만나며 그들의 성공비결을 듣고 모두 정리하여 책으로 엮어냈다. 그 내용이 담겨 있는 것이 바로 『나폴레온 힐 성공의 법칙』이라는 책이다. 이미 수십 년 동안 많은 사람에게 영감을 주었고 고전의 반열에 올랐다고 평가되는 책이기도 하다.

나에게도
성공의 습관이 있을까?

　　　　　최근에는 책뿐만이 아니라 여러 다양한 채널을 통해 성공했다고 널리 인정받는 사람들의 이야기를 들을 수 있다. SNS상에서도 끊이지 않고 이런 사람들의 이야기가 카드뉴스나 짧은 영상의 형태로 많은 사람들에게 공유되고 있다. 사람들은 그들의 이야기를 통해 위로받기도 하고 동기를 부여받아 다시 힘을 내기도 한다. 나도 그런 사람 중 하나다. 응원이나 위로가 필요하거나 정신 차리게 해줄 조언자가 필요하면 즐겨 찾는 동기부여 채널을 시청한다. 그 속에 나오는 여러 사람들의 이야기를 들으며 나는 어떻게 해야 하는지 생각도 하고 흐트러진 마음을 다시 고치기도 한다.

　그러다 어느 순간 그 사람들이 비슷한 이야기를 하고 있다는 것을 깨닫게 되었다. 각자 경험은 다르지만 그 속에서 배우고 극복한 이야기의 핵심은 비슷했다. 각자의 언어로 그것을 이야기하고 있지만 다시 정리해보면 결국 같은 이야기를 하고 있었다. 그들에게도 공통점이 있었던 것이다. 이러한 사실을 깨닫게 되자 기쁨과 함께 초조함이 밀려왔다. 나에게도 있는 습관을 발견했을 때는 기뻤지만 내가 아직 가지고 있지 못한 습관을 발견했을 때는 조급한 마음이 들었기 때문이다. 그 습관을 가진다고 나도 곧바로 그들처럼 성공할 수는 없겠지만 꾸준히 노력한다면 내 나름의 성공을 만들 수 있다는 확신이 생겼다.

그때부터 나는 다른 사람들의 성공 요인을 나만의 언어로 다시 정리하곤 했다. 누군가 의식적으로 항상 깨어 있어야 한다고 말하면 나는 '알아차리기 습관'이라고 다시 적었다. 누군가가 감정 분리를 통해 부정적인 감정에 매몰되지 않아야 한다고 말하면 나는 '현실적 긍정주의자'라는 내 언어로 다시 정리했다. 이렇게 그들과의 공통점을 확인하고 다시 배우며 나만의 성공을 만들기 위해 지금도 열심히 노력하고 있다.

만약 자신만의 성공을 만들어내고 싶다면 우선은 성공한 사람들, 성취를 일궈낸 사람들에게 공통점이 있다는 사실을 인정하고 그것이 무엇인지 관심을 가져야 한다. 그들이 어떤 습관을 가지고 있는지 유심히 살펴보고 그 습관을 자기 것으로 만들기 위해 부단히 노력해야 한다.

성공으로 가는 길이 분명 하나는 아니다. 하지만 성공으로 가는 길을 만들어나가는 사람들에게는 그들만의 공통점이 있다. 각기 다른 도구를 사용하더라도 성공이라는 목적지를 정확히 알고 있다. 성공하고 싶고 남과 다른 삶을 살고 있다면, 그 출발은 성공한 사람들의 공통점을 찾아 배우는 것으로부터 시작한다. 그들을 알아가면 갈수록 어느 순간 소름끼치게 놀라운 그들의 공통점을 직접 발견하게 될 것이다.

알면서도
알지 못하는 것들의
비밀

성공의 모습 뒤에는
피나는 노력이 있다

2009년에 개봉한 <국가대표>라는 영화가 있다. 실화를 바탕으로 만들어진 이 영화는 1996년 전라북도 무주 동계올림픽 유치를 위해 결성된 스키점프 국가대표 이야기를 담고 있다. 당시에는 스키점프라는 것이 국내에서 생소한 분야였기에 당연히 국가대표는커녕 선수조차 없었다. 그래서 유소년 스키 코치가 국가대표 코치를 맡고 미국에서 스키점프 주니어 선수였던 주인공이 한국으로 자신의 엄마를 찾으러 오면서 스키점프 국가대표팀 첫 선수가 된다.

나머지 선수들은 스키를 어느 정도 탄다는 사실만으로 국가대표 선수단에 합류 제의를 받는다. 각자 어려운 집안 사정을 가지고 있던 그들은 금메달을 따면 군복무를 면제해준다는 달콤한 유혹에 대표단에 합류하기로 마음을 굳힌다.

좌충우돌 연습이 이어진다. 그동안 국내에 스키점프 선수가 없었기 때문에 변변한 연습 시설조차 없다. 나무에 줄을 매어 사람을 끌어올리거나, 변변한 안전 장구도 없이 오토바이 헬멧이나 공사장 안전모를 쓰고 훈련을 한다. 폐장된 놀이공원의 후룸라이드를 점프대로 개조해 연습하는가 하면 승합차 천장에 발을 묶고 시속 90킬로미터로 달려 속도감을 익히는 등 기상천외한 훈련을 이어나간다.

그렇게 개인의 욕심에 의해 참여한 선수들이 몸도 마음도 점차 선수다운 선수로 발전하면서 대회를 준비한다. 하지만 동계올림픽 유치가 취소되고 팀 해체 지시까지 내려오는 등 온갖 역경을 겪는다. 다행히 이듬해 나가노 동계올림픽에 어렵사리 참가하지만 눈보라와 부상 등 여러 어려움 탓에 아슬아슬하게 매달권에 못 미치는 결과를 낸다. 이후 여러 차례 동계올림픽에 출전하여 개인전, 단체전 금메달을 땄다는 실제 기록을 보여주며 영화는 끝이 난다.

아무것도 없는 사람들이 피나는 훈련을 통해 선수로 성장하는, 원하는 것을 이루어내는 스토리는 보는 사람들로 하여금 큰 감동과 카타르시스를 일으킨다. 아마도 영화 속 주인공에게 감정 이입하여 마치 자신이 그 많은 어려움을 이겨내고 승리를 거머쥔 것과 같은 느낌을 갖기 때문이리라.

그런 성취를 일구어낸 사람들은 영화 속에만 있는 것이 아니다. 우리 주변에서도 쉽게 찾아볼 수 있다. 별로 힘들어 보이지 않는데도 매번 우수한 성적을 거두는 친구, 매일 칼퇴하면서도 누구보다 빠르게 승진하는 직장동료, 특별한 재능도 없는 것 같은데 큰 인기를 누리며 승승장구하는 연예인······. 우리는 그런 사람들이 이루어낸 것을 부러워하고 때로는 질투를 하기도 하며 그들과 같아지고 싶다는 소망을 가진다.

그런데 정작 그들이 그런 성취들을 일구어내기까지 어떤 노력을 했고 하루하루를 어떻게 살아가고 있는지 알 수 있는 방법은 많지 않다. 그래서인지 몰라도 우리는 그들의 성공의 겉모습은 쉽게 받아들이면서 그 모습 뒤에 감춰진 피나는 노력과 잔인한 현실의 벽이 있다는 사실은 외면한다.

아무것도 하지 않아도
저절로 되는 것은 없다

일반인들이 슈퍼스타의 멋진 몸을 보고 감탄하는 것도 비슷한 원리다. 그들이 보여주는 환상적인 S라인이나 조각 같은 초콜릿복근을 보면서 많은 청춘남녀들은 부러워한다. 탑모델 한혜진의 일상을 통해 그 비결을 한번 들여다보자. 그녀의 일상이 한 방송을 통해 공개된 적이 있는데 그 내용을 보면 과연 멋진 몸매를 가꾸기 위해서 그녀가 얼마나 피나는 노력을 해야 하는지 알 수 있다.

모델은 보통 여름이 다가오는 5월부터 시즌에 돌입해 본격적인 관리에 들어간다고 한다. 운동은 물론이고 철저한 다이어트 식단으로 식사를 한다. 아침은 바나나, 점심은 닭가슴살과 단백질 쉐이크, 저녁은 달걀흰자, 브로콜리, 현미밥으로 꾸리고 각종 비타민도 챙겨 먹는다. 각종 요리는 전혀 간을 하지 않은 채 익히기만 해서 먹는다.

비시즌에는 이 식단에서 한 끼만 일반식으로 전환해서 먹는다고 하는 그녀는 17세에 모델 일을 시작한 이후로 서른 중반인 지금까지 체중 변화가 500그램을 넘지 않았다고 한다. 여기에 꾸준한 운동까지 생각한다면 최고 탑모델로 많은 여성들의 워너비가 되기까지 얼마나 많은 노력이 필요한지 알 수 있다.

한혜진과 같은 몸매를 가지고 싶은가? 그렇다면 그녀가 노력한 것처럼 계획적인 운동과 함께 철저한 식단을 꾸려 계속 유지할 자신이 있는가? 그렇게 되기를 원하면서 그 노력을 하지 않는다는 것은 공부를 전혀 하지 않고 시험 100점을 받길 원하는 것과 같다.

우리가 매일 먹는 밥에도 이러한 비밀이 숨겨져 있다. 고등학교 시절 존경하는 선생님으로부터 들은 한자 쌀 미(米)자에 관한 이야기다. 한문수업을 진행하시는 선생님이셨는데 가끔 수업과는 다른 인생철학에 관한 이야기를 종종 해주셨다. 어느 날 한자로 쌀 미자를 칠판에 큼지막하게 쓰시고는 그에 관해 해주신 이야기가 아직도 생생히 기억이 난다.

쌀 미자를 자세히 뜯어보면 숫자 팔(八)을 의미하는 한자 두 개가 아래위로 조합된 글자임을 알 수 있다. 즉, 八+八=米. 쌀을 수확하기 위해서는 볍씨 선정부터 육모, 논갈이, 모내기, 잡초 제거, 관리, 추수, 탈곡 등 무려 88번에 가까운 과정을 거쳐야 한다는 것이다. 그만큼 쌀 한 톨을 수확하기 위해서 농부의 피땀 어린 노력이 들어가 있음을 알고 쌀 한 톨도 소중히 해야 한다는 교훈을 주셨다.

쌀이 중요하고 소중한 것임을 알고는 있었지만 그 이면에 있는 농부의 노력이 바로 우리가 알면서도 잘 알지 못하는 점이었다. 선생님은 쌀 미자를 통해 숨겨진 이면의 진실을 보게 만들어주셨던 것이다.

쌀 한 톨도 엄청난 정성어린 손길로 만들어지는데 한 사람의 인생은 말할 것도 없다. 무언가를 성취하기 위해서는 많은 노력과, 갈고 닦은 좋은 습관들이 필수임은 당연한 사실이다. 우리는 정작 그 이면의 노력들은 생각하지 못하고 운이 좋았다거나 다른 '빽'이 있는 것은 아닐까라고 생각하는 오류를 쉽게 범한다.

아무것도 하지 않아도 저절로 되는 것은 없다. 목표를 정하고 그것을 향해 열심히 한 발 한 발 나아갈 때에만 조금씩 목표에 가까워진다. 정상에 올라 성공이라는 깃발을 흔들면 다른 사람들은 그 나부끼는 깃발만 보는 것과 같다.

평범한 사람들의
비범한 이야기에 주목하라

회사에 취업하고 나서 친해진 몇몇 인턴사원들과 오랜 시간 이야기를 나눈 적이 있다. 그들은 인턴을 넘어서 정직원이 되고 싶어 고민하는 친구들이었다. 우리 회사는 많은 인턴을 채용하고 있지만 정직 전환이 보장되지는 않는다. 그렇기 때문에 6개월 정도 인턴을 하고는 다시 학교에 돌아가거나 다른 직장을 찾는 학생들이 대부분이다.

하지만 나는 인턴기간을 끝내고 바로 그다음 주 월요일에 정직원으로 출근을 했다. 이런 나를 인턴 후배들이 보았을 때는 완벽히 성공한 케이스였을 것이다. 후배들은 어떻게 그렇게 할 수 있었는지 궁금해했다. 대부분 내가 어떻게 스펙을 쌓았는지, 영어는 어떻게 공부했는지, 이력서를 어떻게 작성했는지 궁금해했고 그런 부분에서 도움을 요청했다.

나름 그들에게 조언을 해주었지만, 정작 그들이 궁금해하는 모든 것들이 나를 지금의 자리에 있게 만들어준 근본 요인은 아니었다. 비결은 따로 있다. 다름 아닌 교환학생 때 끊임없이 가졌던 '혼자만의 생각하는 시간'이 바로 그것이다.

독일에서 지냈던 1년간의 기간 동안 나는 철저히 혼자만의 시간을 가지려 애를 썼다. 특히 반년이 지나고 두 번째 학기가 시작되었을 때는 밤이면 기숙사방에 앉아 여러 강의를 찾아 들었고 책을 읽었다. 내가 어떤 사람인지, 어떤 삶을 살고 싶은지, 어떤 일을 하고 싶은지, 어떤 회사에서 일하고 싶은지와 같은 근본적인 질문들을 끊임없이 했다. 그 결과 단 하나의 목표를 향해 준비할 수 있었다.

나를 부러워했던 그 후배들은 나의 겉모습과 서류상에 나타난 나의 정보는 보았겠지만 내가 수없이 질문했던 인생 그리고 직업에 대한 고민과 그 해답은 모르고 있는 것이다. 『알면서도 알지 못하는 것들』의 저자 김승호는 이렇게 말했다.

> "원래 성공하는 사람은 비범한 사람이 아니다. 평범한 사람이 평범한 일을 비범하게 할 뿐이다. 사회는 학교와 달리 국영수를 잘해야 성공하는 것이 아니다. 생각을 얼마나 깊고 진지하고 효율적으로 하느냐에 따라 나뉘는 것이다. 따라서 미래를 내가 원하는 방식으로 만들겠다고 결심하고, 할 수 있다고 믿는 사람만이 목표를 이룬다는 사실을 받아들여야 한다."

결국 우리가 주목해야 하고 질문해야 하는 것은 평범했던 사람들이 어떻게 일을 비범하게 했는지, 그 이면에 숨어 있는 그들의 진짜 스토리이다. 그들은 남들 몰래 혼자서 피나는 노력을 한 사람이다. 당신이 몰랐을 뿐, 그들은 당신이 시간을 허투루 보내고 낭비하고 있을 때 그 시간을 소중히 보낸 사람들이다. 그러한 노력 끝에 눈부신 결과를 만들어낸 것이다.

우리가 진짜 배워야 할 것은 그들이 보여준 결과가 아닌 과정임을 잊지 말자. 성공한 사람들의 모습에서 그들이 성취한 것에 주목하기보다는 그들이 그것을 이루기까지 어떤 노력을 했고 어떤 과정을 거쳤는지 방법과 습관에 주목해야 한다. 분명 당신이 알고 있었지만 알지 못했던 진짜 성공의 모습들을 보게 될 것이다.

고전 속에
성공의 진리가
숨겨져 있다

인생의 벼랑 끝에서
고전을 읽다

국어사전에서 '고전'이란 단어를 찾아보면 다음과 같이 정의되어 있다. "예전에 쓰인 작품으로, 시대를 뛰어넘어 변함없이 읽을 만한 가치를 지니는 것들을 통틀어 이르는 말. 어떤 분야의 초창기에 나름대로의 완성도를 이룩해 후대에 전범으로 평가받는 저작 또는 창작물."

우리는 대개 그리스시대의 철학서나 클래식음악 같은 것들을 대표적인 고전으로 알고 있다. 고대 그리스의 위대한 철학자 소크라테스는 기원전 470년~399년에 활동했다. 『국가』라는 저서로 잘 알려진 플라톤은 소크라테스의 제자로서 기원전 424년~348년에 활동한 철학자이다. 모두가 잘 아는 이탈리아의 작곡가 안토니오 비발디의

<사계>는 1725년에 작곡된 바이올린 협주곡이다. 그 유명한 독일의 작곡가 루트비히 판 베토벤의 교향곡 5번 <운명>은 1808년에 완성된 곡이다. 이처럼 고전은 수백 년 혹은 천여 년 이상의 세월을 이겨내고 오늘날까지 전해져 내려와 우리에게 많은 가르침을 주고 있는 보물과도 같은 것이다.

그러나 현실에서는 이런 고전들이 보물 취급을 전혀 받지 못하고 있다. 대학교에서 철학과가 인기가 없어 폐지되는가 하면 그 어디에서도 고전을 소개하거나 읽게 해주는 정규 교육과정을 찾아볼 수 없다. 학생들은 시험과 직접 관련된 책과 문제집을 보기 바쁘다. 먹고살기 바쁜 직장인은 업무나 승진에 필요 없는 고전은 거들떠보지도 않는다.

언뜻 보아 고전이라는 것은 굉장히 따분하고 어렵다. 철학을 전공한 사람조차 이해하기가 어려운 고전이라면 일반인이라면 당연히 부담스럽다. 하지만 그렇게 어렵게만 느껴지는 고전을 열심히 읽어 인생의 벼랑 끝에서 다시 힘을 얻어 새 삶을 살아가는 사람도 있다.

'클레멘트 코스'는 미국 작가 얼 쇼리스가 빈민들을 상대로 진행하는 인문학 교육 코스를 말한다. 취재차 찾아갔던 교도소에서 한 죄수가 자신들에게 정신적 풍요, 즉 박물관, 강연, 음악과 같은 인문학이 없어서 가난하고 비참한 삶을 사는 것 같다고 말한 것에 충격을 받아 1995년에 만든 코스이다.

주변에서는 미친 짓이라며 손가락질하고 욕했지만 그는 꿋꿋하게 빈민들과 플라톤, 소크라테스를 읽어나갔다. 신문에서 범죄기사를 즐겨 읽는 노숙자에게는 도스토옙스키의 『죄와 벌』을 읽혔고 폭력을 좋아하는 노숙자에게는 그리스 비극을 읽혔다.

그로부터 1년 후, 처음 시작했던 31명 중 17명이 수료증을 받았고 그중 14명은 뉴욕 대학의 학점을 받았다. 또 그중 둘은 나중에 치과의사가 되었고 전과자였던 한 명은 약물중독 재활센터의 상담실장이 되었다.

미국의 여러 대학들은 우리나라와는 다르게 고전을 읽는 교과과정을 가지고 있다. 이중 세인트존스 대학은 <EBS 다큐 프라임>에도 소개되어 우리 사회에 큰 화제를 불러일으켰다. 이 대학은 학과와 전공이 없고 시험도 없다. 4년간 고전 백 권을 읽고 토론하는 것이 주요 커리큘럼이다. 그렇다고 절대 만만한 과정은 아니다. 하루에 300~400쪽 분량의 고전을 읽고 토론을 해야 한다. 나는 방송을 보면서 취업 훈련소처럼 되어버린 우리나라 대학들과는 너무나도 다른 풍경에 충격을 감출 수가 없었다.

고전이 어려우면
해설서라도 좋다

왜 그렇게 고전을 읽는 것일까? 고전에 무엇이 담겨 있기에 수백 년의 시간을 견뎌내고 아직까지 살

아남을 수 있었을까? 유명 광고 제작자이자 작가인 박웅현은 그의
저서 『여덟 단어』에서 고전에 대해 다음과 같이 말한다.

"지금까지 살아남아 고전이 된 모든 것들을 우리는 무서워해야 해요. 하
지만 되려 무시하기 일쑤죠. 우리는, 특히 젊은 청춘들에게 고전은 사실 지
루해요. 매일 새롭게 터져 나오는 것들에 적응하며 살기에도 바쁘기 때
문이겠죠. 계속 변하는 세상의 속도에 가장 빠르게 적응하는 사람들인
만큼 고전을 뒤돌아볼 여유가 없어요. 그런데 생각해보길 바랍니다. 뭐가
더 본질적인 걸까요? 오늘 나타났다가 일주일, 한 달 후면 시들해지는 당
장의 유행보다 시간이라는 시련을 이겨내고 검증된 결과물들이 훨씬 본질
적이지 않을까요?"

수백 년의 시간을 이겨내고 지금까지 살아있을 수 있는 그 이유,
그것은 바로 고전이 본질이기 때문이라고 말한다. 그가 요즘과 같이
급변하는 세상에서도 사람들의 감정과 숨겨진 욕구를 정확히 찌르
는 창의적인 광고카피를 만들어낼 수 있었던 것도 유행을 따라가지
않고 본질을 파악하려고 노력하기 때문이다.

따라가면 늦기 마련이다. 앞지를 수 있는 방법은, 혹은 나를 따라
오게 만들 수 있는 방법은 본질을 파악하는 것이다. 고전이 바로 그
본질이기 때문에 수많은 천재들을 비롯해 위대한 인물들은 모두 고
전을 읽고 배운다.

본질을 알고 있으면 어떤 흐름에도, 어떤 유혹에도 굴하지 않을 중심을 잡을 수 있다. 이는 마치 아무리 복잡한 문제라도 원리만 이해하면 모두 풀 수 있는 것과 같다. 위에서 언급한 세인트존스의 졸업생들이 대학에서는 4년간 고전을 읽고 토론하는 수업만 들었는데도 졸업 후에는 과학, 법률, 의학, 철학 등 다양한 분야에서 탁월한 성과를 보일 수 있는 이유는 고전 독서를 통해 본질을 깨우쳤기 때문이다.

하지만 아무리 고전이 좋은 것이고 본질을 알려준다고 해도 읽기가 어려운 것은 사실이다. 지루하고 딱딱하고, 벽돌처럼 두꺼운 책의 두께만으로도 쉽게 손에 잡히지 않는다. 그럴 때는 무작정 고전에 덤비기보다는 고전에 대해서 해설해주는 책, 혹은 고전을 인용하여 재밌게 풀어내는 책을 통해 고전의 힘, 고전의 짜릿함을 먼저 경험해볼 것을 추천한다.

나에게 고전의 깊은 맛을 느끼게 해준 책은 『강신주의 감정수업』이다. 이 책은 17세기 철학자 스피노자의 『에티카』에 관한 책이다. '감정의 철학자'라고 불리는 스피노자는 인간의 감정을 48가지로 분류했다. 저자 강신주는 그 48가지 감정을 다른 여러 문학과 고전들을 이용해 일반인들이 접근하기 쉽게 친절히 설명해준다.

막연하게만 알고 있던 감정을 이 책에서는 스피노자의 말을 이용해 정의내리고 그런 감정이 잘 드러난 문학을 통해 다시 설명한다. 예를 들면, 당신은 '사랑'을 무엇이라 정의하겠는가? 스피노자는

"사랑이란 외부의 원인에 대한 생각을 수반하는 기쁨이다"라고 정의한다. 이에 대해 철학자 강신주의 설명이 이어진다. "사랑이란 무엇보다도 먼저 기쁨의 감정이라고 할 수 있다. … 누군가를 만나 과거보다 더 완전한 인간이 되었다는 기쁨을 느낄 때, 우리는 그와 사랑에 빠진 것이다. 우리는 자신에게 기쁨을 주는 사람을 떠날 수도 없거니와 그가 떠나는 것을 방치할 수도 없다."

나에게 그런 기쁨을 주는 그를 또는 그녀를 떠나보내기가 싫기 때문에 사랑에 빠진 사람은 상대방이 원하는 것을 기꺼이 들어주는 것이다. 내가 먹기 싫은 것도 당신을 위해서라면 함께 먹고, 내가 정말 좋아하는 것이라도 당신을 위해서라면 포기할 수 있는 것, 그것이 바로 사랑의 감정이라고 두 철학자는 알려준다.

이 밖에도 스피노자는 인간의 다양한 감정을 정의내린다. 나는 책을 읽으면서 몇 번이고 무릎을 내리쳤다. 야심이란 "모든 감정을 키우며 강화하는 욕망이다. 그러므로 이 정서는 거의 정복될 수 없다. 왜냐하면 인간이 어떤 욕망에 묶여 있는 동안에는 필연적으로 야심에 동시에 묶이기 때문이다."

책의 모든 내용이 단번에 이해되지는 않지만 곱씹을수록 그 정의에 고개가 끄덕여진다. 아울러 철학자 강신주의 부연 설명으로 인해 어느 순간 깨달음의 쾌감까지 느끼게 한다. 이런 것이야말로 고전이 본질을 잘 꿰뚫고 있는 좋은 예라고 생각한다. 고전에 도전해보고 싶은데 엄두가 나지 않는 사람이라면 이와 관련된 해설서를 보며 우선 고전의 매력을 맛보길 바란다.

빌 게이츠의
Think Week

『명심보감』에 따르면 "옛 선인들의 가르침을 알지 못하고는 참다운 사람이 될 수 없다. 옛 고전을 많이 읽어 사물의 이치를 깨닫고 오늘과 내일을 사는 지혜를 얻을 수 있다"라고 했다. 요즘같이 급변하는 시기야말로 고전을 통해 흔들리지 않는 지혜를 배워야 할 때이다. 수많은 성공한 사람들은 고전을 통해 그런 지혜를 배워 급변하는 세상 속에서도 여전히 특출한 성공을 이루어내고 있다.

빌 게이츠 또한 고전 속의 지혜를 빌려 마이크로소프트를 경영한다. 그는 1년에 두 차례 정도 아무도 모르는 숲속의 통나무집에 혼자 틀어박혀 2주간을 보낸다. 일명 'Think week'. 이 기간에는 가족을 포함한 그 누구도 만나거나 연락하지 않고 오직 홀로 자연에 둘러싸여 사색하는 시간을 가진다.

이 기간 동안 빌 게이츠는 회사의 임원과 연구진이 쓴 제안서와 보고서 100여 건을 검토하여 앞으로 회사의 방향을 결정지었다고 한다. Think week가 시작되기 몇 달 전부터 빌게이츠는 철저히 준비한다. 가장 대표적인 것이 바로 고전을 고르는 일이다. 그가 닮고 싶은 고전 저자를 선정하고 그들의 초상화와 책으로 통나무집을 가득 채운다. 인류 지혜의 정수인 고전을 집필한 천재들의 눈높이와 생각을 바탕으로 마이크로소프트의 앞날을 결정하는 것이다.

이처럼 성공한 사람들은 어려움에 닥치거나 방향을 잡지 못해 혼란스러울 때 고전 속 현인들에게서 답을 구하고는 한다. 그들은 이미 고전 속에 성공의 진리가 숨어 있다는 사실을 잘 알고 있기 때문이다. 어렵고 재미없다는 이유로 고전을 등한시하는 우리와 비교해 보면 너무나 큰 차이점이 아닐 수 없다. 빌 게이츠를 비롯하여 고전을 즐기는 성공자들은 시대를 뛰어넘는 고전 속의 천재들이 그들의 멘토가 되어 앞길을 지도해주고 있는 것과 마찬가지다. 만약 레오나르도 다빈치, 소크라테스, 아인슈타인, 세종대왕, 율곡 이이와 같은 사람들이 모두 당신의 멘토라면 당신도 성공할 수밖에 없다.

몇 세대, 수백 년에 걸쳐 내려온 지식들이 담겨 있는 고전은 어떤 금은보화보다 귀한 보물이다. 그 보물 속에는 여전히 우리를 올바르고 성공적인 길로 이끌어줄 수많은 이야기와 시간이 지나도 변하지 않는 본질이 들어 있다. 고전을 읽어내는 것이 힘들고 어렵지만, 고전 속에 들어 있는 본질을 깨닫기 위해서라도 우리는 끊임없이 고전과 친해지고 배움을 얻으려 노력해야 한다. 고전 독서를 통해 옛 현인들이 주는 가르침의 공통점을 발견하는 순간, 그것은 바로 지금 자신에게 필요한 성공의 변하지 않는 진리가 된다. 그렇게 인생 또한 변하기 시작할 것이다.

6. 여행

누워 있을 바엔
차라리 여행을 간다

어느 날
지겨움이
나를 찾아온다면

왜 주어진 휴가도
다 못 쓸까?

여름이 찾아오면 마치 이제부터 무더위가 시작된다고 알리는 것처럼 어김없이 매미소리가 들려온다. 더위를 피해 학생들은 방학을 맞이하고 직장인은 휴가를 떠난다. 대부분의 직장인에게 여행을 갈 수 있는 시간적 여유는 여름에 주어지는 휴가가 전부다.

글로벌 온라인여행사 익스피디아가 2016년 28개국 9,424명의 직장인을 대상으로 유급휴가 사용 실태를 발표했다. 그 결과 연간 평균 20일의 유급휴가를 사용하는 것으로 나타났다. 그에 비해 우리나라의 직장인들은 절반에도 턱없이 모자란 연간 8일 정도의 유급휴가를 사용하는 것으로 나타났다. 조사 대상국에서 연간 유급휴가가

10일 미만인 유일한 나라였다. 사용한 휴가 일수가 가장 많은 나라는 브라질, 프랑스, 스페인, 핀란드, 아랍에미리트다. 이 나라 사람들은 주어진 연간 30일의 유급휴가를 모두 사용했다. 두 번째는 독일로 주어진 연간 30일의 휴가 중 28일을 사용하는 것으로 나타났다.

우리나라는 연간 평균 15일의 유급휴가가 주어지므로 사용 가능한 유급휴가 일수만 놓고 보면 미국, 멕시코, 태국, 캐나다와 같다. 하지만 실제로 사용하는 일수에서 많은 차이를 보인다. 왜 한국인은 주어진 휴가도 다 사용하지 못할까? 43퍼센트가 대체인력 부족, 즉 과도한 업무를 가장 큰 이유로 꼽았다.

휴가의 의미도 우리나라는 다른 나라와는 조금 다른 것으로 보인다. 28개국 사람들 중 65퍼센트는 휴가를 '새로운 곳을 알아가는 기쁨'이라고 말했으나 한국인은 과반이 넘는 58퍼센트가 '업무에서 해방되는 것'이라고 말했다. 게다가 휴가 중에도 69퍼센트의 한국인은 '죄책감을 느낀다'고 답했고 휴가 중에 업무를 1회 이상 확인하는 사람도 88퍼센트에 달했다.

그렇다면 휴가를 위해 여행을 떠나는 이유는 무엇일까? 익스피디아는 한국, 대만, 홍콩을 대상으로 삶의 긴장과 스트레스를 완화하기 위한 가장 좋은 보상 방법이 무엇인지 조사했다. 그 결과 3개국 모두 공통적으로 여행을 선택했다. 그중 우리나라는 약 56.7퍼센트가 가장 좋은 방법으로 여행을 선택했고 이는 2위로 기록된 문화생활 19.7퍼센트와 큰 차이를 보였다.

이런 인식은 실제 생활에서도 쉽게 찾아볼 수 있다. 사회가 급변하고 개개인의 삶이 점점 더 팍팍해짐에 따라 몇 년 전부터 '힐링'이라는 말이 유행하고 있다. 지금은 귀에 못이 박히도록 많이 듣는 말이기도 하다. 현대인은 스스로 자신의 여행을 '힐링여행'이라 부르며 여행을 통해 스트레스를 완화하고 정신적, 육체적 건강이 좋아지기를 기대한다.

여행은
힐링이다

여행을 떠나면 정말 건강이 좋아지는 걸까? 2014년 한양대학교 관광연구소는 여행활동이 건강에 어떻게 기여하는지에 대한 연구 결과를 발표했다. 결과를 보면 다음과 같다.

"연구 결과, 여행활동이 건강에 기여하는 요인은 5개 요인으로 분류되었으며, 이는 긍정적 기분 상태 제공, 사회적 관계 및 지지 기여, 신체활동 증가, 자신감 및 자기 존중감 증대, 영양, 입맛, 소화, 활기 향상으로 나타났다."

이 결과를 보면 실제로 여행은 우리에게 많은 이점을 가져다주고 있다. 콩나물시루 같은 출퇴근길의 지옥철과 꽉 막힌 도로를 벗어나 가슴이 뻥 뚫리는 바다나 산에 가면 누가 증명해주지 않아도 마음에 여유가 생기고 기분이 좋아지며 스트레스가 사라짐을 느낄 수 있다. 여행지에서는 먹는 것마다 맛있고 낯선 사람을 만나도 평소와는 다르게 많은 이야기를 하며 나도 모르게 친절해지곤 한다. 피곤해서 집에 누워만 있던 사람이 여기저기 구경한다고 몇 킬로미터를 걷기도 하고 정상에 오르겠다고 평소 쓰지 않던 근육까지 써가며 등산을 하기도 한다. 가능만 하다면 그곳에서 놀고먹으며 살고 싶은 마음이 간절하기만 하다. 어느덧 휴가가 끝나가면 다시금 돌아가야 하는 학교 혹은 회사 생각에 가슴이 답답해지고 머리까지 아파오는 증상을 호소한다.

이런 이유 때문일까? 최근에는 직장을 선택하는 기준에 변화가 생겼다. 요즘에는 구직자들이 직업을 선택할 때 연봉 다음으로 여가를 즐길 수 있는지를 많이 본다고 한다. 내 경우에는 연봉보다 칼퇴, 여가시간, 휴가와 같은 개인의 삶을 돌볼 수 있는 회사인지가 가장 큰 직업 선택의 기준이었다.

내가 회사 선택에 전혀 후회하지 않고 지금의 직장생활에 만족하는 부분도 바로 이런 개인의 삶이 보장되기 때문이다. 말하자면, 요즘 흔히들 말하는 워라밸(work and life balance)이 말뿐 아니라 실제로 잘 이루어지고 있기 때문이다. 우리 회사는 연간 15일의 휴가가 주어진다. 거기에 여름휴가로 5일이 더해져 총 20일의 휴가가 주어지고, 연차가 올라감에 따라 개인에게 주어지는 휴가 일수도 조금씩 늘어난다. 이렇게만 보면 다른 기업과 큰 차이는 없다. 하지만 우리 회사에서는 거의 모든 직원이 이 휴가 일수를 모두 사용한다. 인사부에서는 연초가 되면 개인별 휴가 일수를 체크하여 휴가 계획을 만들어 제출하게 하며 하반기에 다시 체크해 잔여 휴가를 모두 사용하도록 독려한다.

또한 휴가를 사용하려면 인트라넷상으로 신청만 하면 되고 그 어떤 서면이나 사전 결제가 필요없다. 상사들 또한 휴가의 이유나 목적지 등에 대해서 전혀 묻지 않는다. 회사 특성상 독일인 상사도 많은데 그들 중 대부분은 일주일에서 2주, 많게는 3주 이상씩 여행을 자주 다녀온다. 연말에는 독일 본사 직원들이 2주 이상 휴가를 가기 때문에 한국 직원들도 비슷하게 크리스마스와 연말, 연초 휴가를 끼어 또 한 번 긴 휴가를 떠난다.

새해가 되면 연간 업무일정표가 공지되고 다들 휴가 계획 짜기에 바쁘다. 실제 많은 직원들은 이런 휴가 사용의 자유로움을 우리 회사의 가장 큰 장점 중 하나로 거론한다. 최근에는 유연근무시간제도 (flexible working hour) 및 주 1회 재택근무(remote work)를 할 수 있는 제도가 생겨 직원들의 워라밸 만족도는 더 높아졌다.

이러한 회사 분위기는 나에게도 많은 영향을 주었다. 퇴근을 하면 온전히 나만의 저녁시간을 가질 수 있어서 운동과 취미를 배웠고 여름휴가, 징검다리 휴일, 명절, 연말에는 며칠씩 휴가를 붙여 평소

가보고 싶던 곳들을 여행했다.

여행의
이유

이런 나의 모습에 주변의 친구들은 행복해 보인다고 말한다. 그러고는 힘들고 지루하며 무기력한 자신의 일상에 대해 고민을 털어놓곤 한다. 그럴 때면 그들에게 어떻게든 시간을 만들어 여행을 가라고 조언한다. 휴가를 내기 힘들면 주말에라도 집에 있지 말고 어디든 떠나라고 말한다. 일단 집을 벗어나 가깝든 멀든 익숙한 곳이 아닌 새롭고 낯선 곳으로 무조건 떠나라고 말이다.

그러나 그들 대부분은 이미 무기력이 학습될 대로 학습되어 정신적, 육체적 체력 또한 방전되어 있다. 우울하고 답답한 기분을 안은 채 방 안에서 TV나 영화를 보고 혹은 친구를 만나 술을 마시며 주말을 보낸다. 하지만 그렇게 해서는 마음속 무기력함, 지루함, 답답함을 절대 없앨 수 없다. 그것은 자신의 우울한 현실을 그저 외면하는 것에 불과하기 때문이다. 그렇게 외면하게 되면 일상에 어떠한 변화도 일으킬 수 없고 새로운 경험도 가질 수 없다. 결국 악순환의 늪에 빠져든다.

팟캐스트 <지대넓얕>의 동양철학 담당이자 홍일점 패널인 김도인은 그의 저서 『숨 쉬듯 가볍게』에서 이런 악순환에 대해 다음과 같이 말한다. "경험을 회피하면 자신의 생각을 변화시킬 수 있는 새로운 경험이 더 이상 일어나지 않습니다. 이 때문에 고통스러운 감정과 생각이 지속되죠." 그리고 이런 고통스러운 감정과 생각으로부터 탈출할 방법으로 '새로운 상황을 창조하는 힘, YES' 프로젝트를 제안한다.

예스 프로젝트는 자신에게 다가오는 여러 상황들을 더 이상 차단하지 않고 '예스'라고 대답하고 수용하는 것이다. "새로운 경험을 받아들이는 훈련을 통해 마음과 생각이 늘 변한다는 사실을 깨닫게 하는 것이 예스 프로젝트의 핵심이에요"라고 저자는 말한다. 결국, 예스 프로젝트를 통해 새로운 경험을 받아들여 자신이 현재 느끼고 있는 우울함, 답답함, 무기력함이 나를 지배하고 있는 것이 아니라 언제든 바뀔 수 있는 감정임을 깨닫는 데 방점을 찍어야 한다. 그 새로운 경험을 만드는 가장 좋은 방법이 바로 여행인 것이다. 처음에는 귀찮고 힘들더라도 여행을 떠나게 되면 무기력했던 몸에 활기가 돌고, 새로운 자극과 여러 가지 상황들로 인해 힘들었던 상황들을 잊어버린다. 또한 순간순간에 집중하며 어느덧 웃고 있는 자신을 발견하게 될 것이다.

여행이 인생을 완전히 바꾸어버리기도 한다. 고등학교를 중퇴하고 특별한 기술이나 뚜렷한 직업도 없이 주방에서 설거지 일을 하는 청년이 있었다. 어느 날 어두운 부엌에 홀로 앉아 외로움을 마주하며 그는 생각했다. 지금의 현실은 모두 자신의 책임이며 철저하게 변하지 않는다면 평생 저임금 노동자로 살아야 한다는 깨달음을 얻었다. 그리고 그는 오랫동안 품었던 마음속의 부름에 응답하기로 했다. 바로 '사하라 사막'의 부름이었다.

아무것도 가진 것 없던 그는 단돈 300달러를 가지고 친구와 여행길에 올랐다. 북아메리카를 횡단하고 북대서양을 건너 영국, 프랑스, 스페인, 지브롤터를 거쳐 아프리카 대륙으로 넘어갔다. 아프리카의 사하라 사막을 종단하고 남아프리카 공화국까지 내달려 험난하고 많은 것을 안겨준 1년간의 여행을 마무리했다.

여행은 그에게 커다란 전환점이 되었다. 무일푼이었던 그가 현재는 미국에서 가장 유명한 동기부여 전문가이자 베스트셀러 작가이며 전 세계 사람들을 대상으로 강연을 하고 있다. 바로 브라이언 트레이시가 그 주인공이다. 그는 『내 인생을 바꾼 스무살 여행』이라는 책에서 다음과 같이 말한다. "세상을 알고 싶었고, 모험을 하고 싶었으며, 나 자신의 인생을 찾고 싶었다." 자신의 꿈과 인생을 찾기 위해 그가 가장 먼저 한 것은 다름 아닌 여행이었다. 여행을 하는 동안 예기치 못한 온갖 어려움과 장벽을 극복하며 배우고 경험한 그 1년이 그의 모든 것을 바꾸었고 결국 성공으로 가는 큰 전환점이 되었다고 말한다.

이처럼 여행은 우리를 치유하고 변화시킨다. 여행의 첫걸음을 내딛을 수 있는 작은 용기만 있으면 된다. 반복되는 일상이 지루한 사람, 모든 것에 흥미를 잃은 사람, 삶이 무기력한 사람, 활력이 필요한 사람, 변화가 필요한 사람 모두에게 가장 먼저 필요한 것은 단 한 가지, 바로 여행이다. 어느 날 지겨움이 당신을 찾아온다면 그저 참고 버티지 말자. 제발 어디라도 떠나자. 떠나보면 알게 될 것이다.

머리가 아닌
가슴으로 하는
여행의 기술

결국 여행이란
마음에 달린 일

　　　　　　　　나에게는 돈 한 푼 들이지 않고 어디
든 갈 수 있고 또 누구든 될 수 있는 방법이 있다. 다름 아닌 머릿속
으로, 마음속으로 떠나는 여행이다. 이 방법을 통해 나는 내 인생에
서 힘든 시기였던 방위산업체에서의 3년을 버틸 수 있었다.

　아침 일찍 출근해 저녁 늦게까지 이어지는 일과 중 유일하게 온전
히 쉴 수 있는 시간은 점심시간뿐이었다. 점심을 빨리 먹고 나면 40
분 정도 시간이 남았다. 그 시간에 나는 주로 회사 근처 야산을 혼자
산책하거나 현장작업자들이 낮잠을 자는 기숙사 거실에 들어가 귀
에 이어폰을 꽂고는 책을 읽었다. 당시 재미있게 읽었던 책 중 하나
는 프랑스 소설가 베르나르 베르베르의 『파피용』이었다. 이미 『개

미』를 통해 그의 팬이 되어 있던 나는 새 책이 나오자마자 읽기 시작했다.

이 책은 태양광을 이용해 움직이는 우주범선을 타고 1천 년간의 우주여행에 나선 14만 4,000명의 마지막 지구인들의 이야기를 다루고 있다. 이들은 사람들의 이기심으로 인해 황폐화된 지구를 떠나 새로운 보금자리를 찾아가는 중이다. 마치 미래판 '노아의 방주'를 연상시킨다. 우주선에 대한 묘사와 그 안에서 벌어지는 각종 사건과 인물들의 이야기, 그리고 새로운 행성에 도착해서까지 소설가의 상상력과 흥미진진한 이야기 전개는 일상에 찌들어 있던 나를 순식간에 그 우주선에 태워놓았다. 책을 읽는 내내 나는 현실의 모든 것을 잊고 소설 속 지구인들과 함께 여행했다. 이야기 속 모든 광경을 직접 눈으로 보는 듯도 했고 해방감을 맛보았다.

실제 떠나지 않아도 머릿속으로, 그리고 마음속으로 여행을 떠날 수 있다는 사실을 깨달은 것은 그때가 처음이었다. 팍팍하고 힘들었던 현실이었기에 더 쉽게 환상적인 이야기에 녹아들었는지도 모른다. 하지만 그 책을 읽을 때면 정말로 여행을 떠나는 것과 유사한 설렘과 흥분을 느꼈다는 점 하나는 확실하다. 그렇게 실제 여행하는 것처럼 느낄 수 있었던 이유는 그때 느껴지는 감정이 실제 여행을 떠났을 때 느끼는 감정과 유사했기 때문이다. 그렇다. 결국은 여행이란 마음에 달린 것이다. 책은 마음을 움직였고 그 감정만으로도 여행하듯 행복했다.

반대로 생각해보면, 실제 여행에서 무엇이 가장 중요한지를 알 수 있다. 사람들은 흔히 여행을 다녀오고 나서 그 여행이 어땠는지 이야기한다. 거기서 보았던 멋진 풍경과 건물들, 만났던 좋은 사람들, 그리고 처음 먹어보는 환상적인 맛을 자랑하는 음식들까지. 또는 실망스러웠던 여행을 회상하기도 한다. 모처럼 간 곳인데 계속 비가 왔다거나, 야심차게 주문한 음식의 맛이 기대와는 너무 달라 거의 먹지도 못했다거나, 예약이 제대로 되지 않아 계획대로 하고 온 것이 하나도 없다고 말이다.

상한 감정으로는
좋은 여행이 될 수 없다

하지만 다시 잘 생각해보면, 여행이 정말로 행복했고 기억에 많이 남는 이유는, 반대로 다시는 떠올리고 싶지 않을 정도로 최악의 여행이었던 이유도 모두 나의 '감정' 때문이다. 행복하게 기억되는 여행은 기쁘고 즐거웠던 감정들로 가득 차 있을 것이고 최악이라 생각되는 여행은 힘들고 짜증나고 화났던 감정들로 가득할 것이다.

당연하다고 생각되는가? 하지만 많은 사람들은 그것을 쉽게 알아차리지 못한다. 머리로는 알아도 실제 그 상황에 닥치면 어찌할 수 없는 이유로 그럴 수밖에 없었다고 말한다. 그러나 우리는 안다. 같은 상황에 처했어도 내가 아는 누군가는 분명 그 상황을 즐겼을 것이다. 여행이니까 모든 것을 즐겁게 받아들일 수 있는 사람들이 분명 있다. 그들은 어떤 상황이든 그 속에서 즐거움을 찾아간다. 설사 안 좋은 감정에 사로잡혔다고 해도 금세 잊어버리고 새로운 것들 속에서 즐거움을 찾는다.

아내와 함께 갔던 일본여행에서 감정이 여행에 미치는 힘을 뼈저리게 경험한 적이 있다. 일본 규슈의 후쿠오카 동남쪽에 유후인이라는 마을이 있다. 오래전부터 꼭 가보고 싶었던 곳인데, 유명 애니메이션 <이웃집 토토로>의 배경이 된 곳이기도 하다. 온천으로도 유명해 마을 곳곳에 숙박과 식사 그리고 온천까지 한 번에 즐길 수 있는 료칸이 많이 있다.

아내와 나는 모두 여행도 온천도 좋아해서 예전부터 굉장히 가고 싶은 곳이었다. 우리는 그곳으로 가는 비행기와 기차를 예약하고는 떠나는 날만을 손꼽아 기다렸다. 그렇게 일본여행을 갔고 유후인으로 들어가기 전에 후쿠오카에서 하루를 머물렀다. 그런데 예상치도 않게 그날 밤 아내와 크게 다투게 되었다. 무슨 이유 때문에 싸웠는지 지금은 잘 기억나지 않지만, 남녀 싸움이 늘 그렇듯 사소하지만 예민한 문제였던 것으로 기억한다.

그렇게 심하게 싸우고 서로 감정이 상한 적은 처음이었다. 그 바람에 아내는 당장 한국으로 돌아가는 비행기표를 찾아 나섰고 나는 굳이 그것을 말리지 않았다. 그러나 당장 표를 구할 수 없어서 우리는 결국 유후인은 각자 여행하기로 합의를 보고 불편하고 어색한 여행 첫날밤을 보냈다. 후쿠오카에서 유후인으로 가는 기차는 환상적인 풍경과 도시락으로 유명하다. 그러나 우리에게는 아무 소용 없었다. 창문 밖을 보고 감탄하는 사람들 틈에 섞여 각자 따로 앉은 우리는 눈을 감고 있거나 시종일관 인상만 쓰고 있었다. 유후인에 도착해서도 마찬가지였다. 도착 직후 돈을 나눠 가진 뒤 각자 여행을 하기로 했다.

그렇게 서로 떨어져 오후 내내 혼자 돌아다녔다. 내가 이 돈을 쓰면서 여기서 도대체 뭐하는 짓인가 하는 생각이 들었다. 길거리에서 파는 온갖 기념품을 보면 뒷면에 붙어 있을 'made in china' 딱지 생각만 들었고, 좁은 길에 사람들이 옹기종기 모여 있어 붐비는 바람에 짜증만 났다. 날씨는 또 왜 그렇게 더운지 조금만 걸어도 온몸에 땀이 송글송글 맺혔다. 거리에서 파는 음식도 전혀 맛있어 보이지 않았다. 사진으로 봤을 때는 그렇게 아름다웠던 이곳이, 그렇게 오고 싶었던 이곳이 한국 여느 시골과 별반 다를 것이 없어 보였다. 무엇보다 감정의 앙금이 마음속에 남아 있어 어디를 가든, 무엇을 하든 마음이 불편했다. 싸움 생각 외에는 어느 것도 눈에 들어오거나 생각할 겨를이 없었다.

결국 아내와 화해하기로 마음 먹고 기념품 가게에서 조그마한 인형을 하나 샀다. 가방을 뒤져 가지고 있던 노트에 편지를 썼다. 인형과 편지를 가지고 아내와 만나기로 한 장소에서 무작정 기다렸다.

다시 만나기로 약속한 시간까지 두 시간 이상이나 남았지만 아내도 생각보다 훨씬 일찍 그곳으로 왔다.

함께 숙소로 이동한 후 인형과 편지를 건넸다. 혼자 여행하며 생각했던 것들, 싸웠던 이유와 당시의 내 마음, 현재 내 생각 등을 진솔하게 이야기했다. 결국 극적으로 화해할 수 있었다. 화해를 하고 난 뒤 30분쯤 흘렀을까, 아내와 나는 언제 그랬냐는듯 조금씩 신이 나기 시작했다.

숙소에 비치되어 있던 유카타를 꺼내 입고는 둘이서 온갖 포즈를 취하고 장난을 치며 사진을 찍었고 신나게 깔깔깔 웃어댔다. 숙소에서 제공되는 저녁식사도 너무나 훌륭했다. 정갈하고 맛도 좋은 일식이 코스로 나왔고 하나하나 사진을 찍어가며 둘이서 게눈 감추듯 먹어치웠다. 저녁을 다 먹고는 한적한 마을 거리를 산책하며 비로소 여행자가 되기 시작했다. 다음 날 점심에는 다시 기차를 타고 돌아가야 했다. 싸워서 낭비한 시간이 너무나 아까웠다.

다음 날은 아침 일찍 일어나 어제 혼자 다녔던 그 거리들을 아내와 함께 구경했다. 어제 다녔던 그곳이 하룻밤 만에 아름답고 멋진 곳으로 변해 있었다. 길거리에서 파는 음식 하나하나가 다 맛있어 보였다. 거리를 가득 채운 사람들은 모두 저마다의 이유로 행복해 보였다. 기념품 가게에서 파는 소품들 하나하나 다 아름답고 예뻤다. 졸졸졸 흐르는 조그마한 개천에도 감탄하며 사진을 찍었다.

즐겁게 여행할
준비가 되었나요?

알랭 드 보통은 그의 저서 『여행의 기술』에서 다음과 같이 말한다. "아름다운 대상이나 물질적 효용으로부터 행복을 끌어내려면, 그전에 우선 좀 더 중요한 감정적 또는 심리적 요구들을 충족시키는 것이 필수적이다." 여기서 주목할 것은 감정적 또는 심리적 요구들을 먼저 충족시키는 것이 필수적이라고 말하는 대목이다. 감정의 상태가 어떤지 먼저 살펴야 한다. 혹시 감정적으로 또는 심리적으로 만족되지 않아 언짢은 부분이 있다면 그 부분을 먼저 해결하는 것이 여행보다 더 중요하다.

가장 중요한 것은 누구와 어디를 가고, 무엇을 보고, 어떤 것을 먹고 경험하는 것보다 그 여행을 하는 동안의 '감정'이다. 여행하려고 하는 혹은 여행하고 있는 그곳의 아름다움과 행복을 온전히 느끼려면 감정을 먼저 살펴야 한다. 여행지로 향하는 동안 가장 좋아하는 음악을 듣고, 가능하다면 막히지 않는 시간과 도로를 고르자. 기분 좋게 해줄 사람과 여행을 떠나고 돌발상황을 즐길 수 있도록 노력하자. 최대한 행복한 감정을 만들려는 노력이 중요하다. 행복한 감정으로 충만한 여행을 할 때 비로소 여행의 진정한 가치를 깨닫고 배움을 얻게 되기 때문이다.

또한 행복한 감정으로 가득 찬 여행을 거듭하다 보면 여행이란 꼭 어딘가로 떠나야만 하는 게 아니라는 것을 알게 된다. 매일 걷던 골

목도, 항상 지나치던 동네 상점도 마음과 감정에 따라 훌륭한 여행지가 될 수 있다. 또한 내가 그러했던 것처럼 책을 통해서도 여행을 할 수 있다.

마음먹기에 따라 감정이 만들어지고 소소한 일상도 여행이 될 수 있음을 기억하자. 1년에 한 번 있는 휴가만 기다리지 말고 지치고 힘들 때면 몇 시간만이라도 시간을 내어 바로바로 여행을 떠나자. 그때 필요한 것은 여행하는 사람의 행복한 마음뿐이다. 그렇게 일상이 여행이 되고 여행이 일상이 될 때 우리의 삶은 좀 더 풍요로워질 것이다.

낮선 곳에서
나를
만나다

작은 소망이
확실한 꿈이 되기까지

　　　　　　　　　"내가 지금 이 공부를 왜 하는지 확신이 없어요. 이 길이 맞는지 잘 모르겠어요. 회사를 당장 그만두고 싶지만 그후에 어떻게 해야 할지 전혀 모르겠어요. 내가 진짜 원하는 것이 무엇인지, 잘하는 것이 무엇인지 모르겠어요." 이 시대 청춘들의 흔한 고민이다. 공부와 시험에 시달리고 취업에 시달린다. 현실이 이렇다 보니 TV 드라마나 영화 속에 나오는 낭만적인 이야기들은 잠시 현실을 잊게 만들어줄 뿐, 다시 일상으로 돌아오면 한숨만 나온다.

　나에게도 그런 시기가 있었다. 대학에 들어와 열심히 공부를 하고 나름 흥미에 맞는 동아리 활동도 했다. 하지만 미래를 생각해보았을 때 불투명하기만 했다. 취업정보 게시판에 나와 있는 수많은 정보들, 인터넷에서 접할 수 있는 유명 대기업 입사 조건들은 마치 나를 판별하는 등급판정서 같았다.

3년 동안 중소기업에서 호되게 사회생활을 경험하고 난 뒤라 회사만을 목표로 하는 것에는 거부감이 심했다. 그렇다고 회사 외에 달리 선택할 것도 없었다. 막연히 결정을 미루기 위해 대학원에 가는 것도 시간낭비였다. 박사와 같은 타이틀에도 욕심이 없었다. 창업을 하자니 아이디어도 없을뿐더러 그쪽 세계는 95퍼센트 이상이 망한다는 혹독한 세계가 아닌가. 대충 준비해서 시도하면 빚더미에 앉을 것이 뻔했다. 무엇보다 내가 무엇을 원하는지 제대로 몰랐고 그 해답을 찾는 것이 생각보다 너무 어려웠다.

그러다가 유럽으로 자동차여행을 떠나게 되었다. 한 달간 자동차를 타고 유럽대륙을 누비며 많은 것을 보고, 많은 사람들의 삶을 엿보았다. 그곳의 공기와 문화, 분위기 등을 몸으로 체험하자니 마음속에 조금씩 하나의 소망이 자라기 시작했다. 그 작은 소망을 확실한 꿈으로 정착시킨 곳은 독일을 여행할 때였다.

자동차를 좋아하는 나에게 독일은 오래전부터 선망의 대상이었다. 여행의 모든 일정은 형이 운전을 하기로 했지만 독일에서만은 내가 직접 운전을 했다. 내 손으로 직접 아우토반을 달려보고 싶었기 때문이었다. 벤츠, BMW, 포르쉐 등을 비롯한 자동차박물관을 구경했다. 온갖 과학기술과 역사가 전시된 박물관들, 그리고 곳곳의 도시와 사람들을 둘러보았다. 역사적으로 따지자면 복잡한 셈법이 필요하겠지만 나에게 그것은 중요하지 않았다. 오직 마음속에 이 독일이라는 곳에서 살아보고 싶다는 열망만이 커져갔다.

한국으로 돌아오고 나서 독일에서 살아볼 수 있는 방법이 없을까 열심히 찾아 헤맸다. 그러다 학교 홈페이지에서 교환학생을 모집하는 공고를 보았다. 놀랍게도 그해 처음으로 독일에 있는 대학교와 협약을 맺어 첫 번째 교환학생을 모집하고 있었다. 전공이 문제였다. 교환학생 협약을 맺은 학과는 국제경영학이었다. 독일이지만 모든 수업은 영어로 진행되어 수업을 듣는 데는 문제가 없었지만 나의 전공은 기계자동차공학이었기 때문이 지원자격이 없었다. 결국 경영학과 복수전공을 신청하기로 했다. 다행히 이미 기계자동차공학과 필수 전공학점은 모두 이수해서 무리 없이 복수전공을 시작할 수 있었다. 동시에 교환학생 지원자격도 갖출 수 있었다. 최종적으로 교환학생에 선발되고 난 후 일주일에 한 번씩 독어문화원에서 독일어를 배우며 교환학생을 준비했다. 마침내 3년 동안 병역 대체 복무로 벌어 모아놓은 돈을 가지고 독일로 떠날 수 있었다.

여행은
진짜 나를 발견하는 시간

독일에서의 생활은 그야말로 모든

것이 새로웠다. 학교 수업은 영어로 진행되었기 때문에 어려움이 없었다. 다만 독일 학생들이 수업을 듣는 방식에 적잖이 충격을 받았다. 좀처럼 질문하지 않는 한국 학생들과는 달리 그들은 궁금한 점이 있거나 이해가 되지 않을 때는 망설임 없이 언제든 손을 번쩍 들어 묻고 교수와 토론을 시작했다. 그러한 모습이 당연한 듯 다들 신경 쓰지 않았다. 오직 나를 비롯한 몇몇의 한국 학생들만 적응하지 못하고 당황하는 모습을 보였다.

그뿐만 아니라 다른 여러 나라에서 온 학생들도 만났다. 당시 내가 살던 곳은 기숙사가 아니라 쉐어하우스였다. 한 층에서 각자 방을 쓰고 주방은 함께 사용하는 구조였다. 나를 포함해 인도, 브라질, 미국, 불가리아에서 온 학생들이 한 층을 같이 사용했는데 저녁을 먹을 시간이 되면 하나둘 주방으로 모여들어 각자의 음식을 먹으며 많은 이야기를 나누었다. 그들의 생각과 문화를 듣고 경험하며 나 또한 변해가고 있다는 것을 느꼈다.

2학기가 되었을 때는 쉐어하우스를 벗어나 기숙사에 들어갔다. 기숙사는 1인실이었고 방 안에 주방과 화장실이 모두 있었기 때문에 훨씬 편하게 지낼 수 있었다. 혼자 집중해서 책을 보거나 공부를 하기에는 최적의 장소였다.

학점을 잘 받는 것도 중요했기 때문에 공부하는 데 많은 시간을 투자했다. 그에 못지않게 책도 열심히 보고 인터넷으로 자기계발 강의도 찾아 들었다. 그때도 내 머릿속에는 '앞으로 무엇을 해야 할 것인가, 내가 잘하는 것은 무엇인가, 내가 진짜로 원하는 것은 무엇인가, 어떤 삶을 살고 싶은가'와 같은 질문들로 가득 차 있었다. 해답을 찾기 위해 끊임없이 책을 읽고 강의를 듣고 스스로에게 질문을 던졌다. 이런 나의 고민을 다른 나라 학생들과 나눠보기도 했고 그들의 다양한 대답을 내 모습에 적용도 시켜보았다. 그렇게 치열하게 고민을 이어나갔다.

교환학생 기간이 끝나갈 무렵, 드디어 결론을 내릴 수 있었다. 나에게는 아직 더 많은 사회생활의 경험이 필요하다는 것, 그 배움의 장소로 나와 잘 맞는 회사를 찾아 입사할 것, 그러기 위해서 일단 내 성향과 잘 맞는 독일계기업을 찾아 인턴으로 들어가 진짜 그러한지 확인해볼 것. 한국으로 돌아와 독일계기업에 인턴으로 입사했다. 그리고 곧 정직원으로 전환되어 지금까지 그 배움을 계속 이어나가고 있다.

다른 회사에 눈 돌리지 않고 딱 한 곳만을 선택하여 단 한 장의 이력서로 지금까지 만족하며 잘 다닐 수 있게 해준 시작은 바로 여행이었다. 여행을 통해서 독일에서 살고 싶다는 꿈을 가지게 되었고, 독일에서 살았던 1년을 통해 내 인생의 다음 단계를 나에게 가장 잘 맞도록 설계할 수 있었다. 바로 그 여행들은 진짜 나를 발견하는 시간이었던 것이다.

자신만의 시간을
가져라

여행을 통해 자신을 찾아간다는 것
은 특별한 사람에게만 해당되는 일이 아니다. 외국에서는 일반화되
어 있는데 '갭이어'라고 부른다. 갭이어는 고등학교를 졸업하고 대
학교 입학 전 1년 동안 자신의 적성과 진로를 탐색하는 시간을 말
한다. 이 시간 동안 학생들은 주로 여행을 통해서 다양한 경험을 하
면서 자신에 대해 알아가고 향후 자신의 삶의 방향을 탐색한다고
한다.

『여행은 최고의 공부다』의 저자이자 사회적 혁신기업 '한국갭이
어'의 안시준 대표 또한 여행을 통해 자신의 길을 찾았다고 한다. 그
는 "자신이 진짜 하고 싶은 일을 찾으려면 자신만의 시간을 반드시
가져야 한다"라고 말한다. 삶의 변화를 꿈꾼다면 자신에게 시간, 환
경, 용기를 선물하라고 말한다. 그는 "나는 이 세 가지를 선물할 수
있는 가장 좋은 방법이 여행이라고 생각한다"라고 말하며 여행의
힘을 알려주고 있다. 또한 여행하는 사람이 삶의 방향을 찾을 수 있
는 이유에 대해 다음과 같이 말했다.

"여행자의 하루는 일상을 살아가는 사람의 10일 이상의 의미가 있다고
생각한다. 더 많은 일에 부딪치고, 예측할 수 없는 상황에 놓이기 때문에
밀도가 높을 수밖에 없다. 그 과정에서 자신을 깊이 탐색하게 된다. 나

또한 1년 4개월에 걸친 여행에서 내 삶의 방향을 찾았다. 어떤 경험으로도 얻을 수 없는 시간이었다고 자부한다. 다시 그때로 돌아간다고 해도 나는 망설임 없이 여행을 떠날 것이다."

그의 말처럼 치열하게 고민했던 나의 1년 또한 평범한 일상을 살아갈 때보다 몇 배 이상의 의미가 있었다고 자부한다. 그렇기 때문에 남들보다 빠르게 내 삶의 길을 찾아가고 있다고 자신 있게 말할 수 있다.

인생의 방향을 결정하는 것은 자신을 정확히 아는 데서부터 시작한다. 자신을 진짜 잘 알 수 있는 가장 좋은 방법은 낯선 환경에 놓이는 것이다. 낯선 환경에 놓이는 가장 좋은 방법이 바로 여행이다. 익숙한 곳에 있으면 새로운 생각을 하기 힘들다. 낯선 환경에 들어가야 새로운 것을 보고, 새로운 환경을 경험하고, 새로운 사람을 만나게 된다. 평소라면 하지 않았을, 꿈도 꾸지 못할 일을 하고 있는 낯선 자신도 만나게 된다. 그때가 바로 진짜 자신을 만날 수 있는 기회다.

낯선 환경 속에서 끊임없이 스스로에게 질문하며 자신도 몰랐던 스스로를 발견해나가는 것, 바로 여행을 통해서 가능하다. 인생의 방향이 고민될 때, 자신이 무엇을 잘하고 좋아하는지 모를 때, 여행을 떠나보자. 낯선 환경 속에서 끊임없이 부딪히며 치열하게 고민하자. 여행은 반드시 그 답을 알려줄 것이다.

7. 공부

나만의 무기가 될
진짜 공부를 찾는다

영어공부의
재구성

네버 엔딩

영어공부 스토리

　　　　　　　　　우리 사회의 고질적 문제 중 하나로
지적되는 과도한 사교육. 그중에서도 영어는 학생들의 사교육을 넘
어서 직장인에게도 벗어날 수 없는 덫이 되어버린 지 오래다. 이런
영어의 덫은 아주 어렸을 때부터 시작된다. 어려서 영어를 배워야
성인이 되어 원어민처럼 할 수 있다는 부모의 신념과 사회 분위기
가 한글도 아직 완벽하게 깨우치지 못한 유치원 아이들에게 알파벳
을 강요한다.

　초등학교에서는 원어민 교사를 두어 학생들과 영어로 묻고 답하
는 영어회화 시간을 대부분 배정하고 있다. 이 시기까지만 해도 아
이들은 어느 정도 흥미를 가지고 영어를 배운다. 하지만 이것마저도

중학교에 들어가면 정확하게 읽고 해석해 문제의 정답을 골라야 하는 입시영어 체제로 빠르게 전환된다. 초롱초롱한 눈망울을 보이며 선생님 질문에 자신 있게 영어단어를 외쳤던 초등학생들도 지문을 읽고 답을 고르는 영어를 배우기 시작하면서 영어에 대한 흥미를 잃기 시작한다.

고등학교에서는 수능에 대비한 영어공부가 시작된다. 수능영어는 2만 개 정도의 단어를 알아야 풀 수 있는 문제들로 구성되는데 고교 3년 동안 배우는 단어의 수는 약 3,500개로 턱없이 모자란다. 이처럼 수능영어 수준이 학교의 정규 교과과정보다 어렵기 때문에 학생들은 사교육에 매달릴 수밖에 없는 상황이다.

수능을 치르고 대학에 들어가서도 영어공부는 끝나지 않는다. 이제는 취업을 위해 토익, 토플 같은 영어점수를 만들어야 한다. 영어 인터뷰를 위해서 스피킹 시험도 치른다. 어렵게 영어점수를 만들어 취업에 성공하고 나면 정기적으로 승진을 위한 영어공부가 계속 이어진다.

이렇게 거의 평생 동안 영어를 배우고 있지만 정작 외국인 앞에서는 말 한마디 제대로 못하는 사람들이 많다. 그동안 시험을 위한 영어만 공부했지 실제로 영어를 사용해보거나 영어로 대화를 해볼 생각조차 하지 않기 때문이다. 영어를 배우는 목적 자체가 듣고 말하는 의사소통에 있지 않다는 것이다.

왜 영어를 배울까? 평생 영어를 배우면서 왜 영어를 배우는지 진지하게 고민해본 적이 있는가? 영어를 배워서 어디에 쓰려고 그렇게 열심히 공부하는 것인지 생각해본 적이 있는가? 나부터 이 물음에 답해본다면, 나의 영어는 세상과 소통하기 위해서 필요했고 또 처음부터 그런 목적을 가지고 영어를 배웠다.

왜 영어를 배워야
하는지를 깨닫다

처음부터라고 말은 했지만 사실 나는 지금의 학생들과는 다르게 영어를 중학교 때부터 배우기 시작했다. 초등학교 5학년때까지는 시골마을에서 산과 들로 뛰어다니며 자연에 파묻혀 지냈다. 작은 도시로 이사 온 6학년 무렵에도 당시 나의 모교에서는 영어가 기본 교과목에 포함되어 있지 않았다.

그전에도 물론 알파벳 정도는 알고 있었지만 그 외에는 영어에 무지한 상태였다. 중학교에 들어가 처음으로 영어를 배우기 시작했는데 2학년 때 emotion을 이모션이라 읽지 않고 이모티온이라고 읽을 정도였으니 지금의 초등학생들보다 못한 수준이었다. 2학년을 마치고 크리스마스를 앞둔 어느 날, 아버지의 권유로 형과 함께 남아프리카공화국으로 가게 되었다. 당시만 해도 남아공은 우리에게 아주 생소한 나라였다. 형과 나도 그 나라에 대해 전혀 알지 못했다. 아프리카라는 말에 텔레비전에서 보던 드넓은 초원과 원주민밖에 떠오르지 않았던 나는 가지 않겠다고 떼를 썼다. 하지만 아버지의 강력한 권유로 결국 우리는 남아공으로 떠났다.

남아공에서는 아버지 지인의 소개로 한국인 아저씨 집에서 하숙과 비슷한 형태로 1년간 머물렀다. 처음으로 가본 남아공은 생각과는 다르게 무척 좋은 곳이었다. 한때 영국의 식민지였기에 공용어로 영국식 영어와 아프리카어를 사용했고 흑인 못지않게 백인들도 많이 살았다. 집을 조금만 벗어나도 지평선이 보였고, 드넓은 땅과 맑고 화창한 날씨 덕분에 골프는 그 어떤 운동보다도 쉽게 할 수 있는 운동이었다. 그래서인지 골프 유학생도 많이 있었다. 당시 미국이나 유럽보다 영어를 배우기에도 훨씬 저렴한 곳이었고 생활물가도 한국에 비해 굉장히 저렴했다.

오전에는 하숙집의 누나가 영어학원에 데려다주었다. 점심을 먹고 난 후에는 프로골퍼를 준비하는 하숙집 형과 함께 골프연습장으로 가서 오후 내내 골프를 배우며 즐겼다. 하숙집에서 많은 한국사람들과 함께 지냈지만 그들과 떨어지면 모든 것을 나 혼자 해결해야 했다. 학원에서도 형을 제외하고 한국사람이라곤 한 명도 없었다. 골프연습장에서도 흑인 직원들과 다른 외국인들이 심심치 않게 말을 걸어왔다. 심지어 같이 지내는 다른 한국 형, 누나들은 한국말보다 영어가 모국어에 더 가까운 사람들이어서 나와 대화를 할 때를 제외하곤 모두 영어로 말을 했다.

처음에는 그들이 하는 말을 도무지 알아들을 수가 없었다. 아무리 귀를 쫑긋 세워도 소용없었다. 그러다가 어느 날 처음으로 골프연습장에서 어느 외국인의 말을 반 정도 알아들을 수가 있었다. 내 옆에 비어 있던 자리를 사용해도 되냐는 질문이었다. 그 말에 나는 어렵게 'You can use it'이라고 간단하게 대답했다. 그는 고맙다며 엄지를 치켜 올렸다. 그 순간 얼마나 기뻤는지 아직도 그 장면을 생생하게 기억한다. 영어로 첫 소통을 한 순간이었고 본능적으로 영어를 왜 배워야 하는지 깨우친 순간이었다. 바로 세상과 소통하기 위해서였다. 그 뒤로 열심히 영어를 듣고, 읽고, 말하며 연습을 했고 실력이 늘어감에 따라 남아공이라는 나라와 더 많이 소통하며 그 넓은 세상을 온전히 받아들일 수 있었다.

한국에 돌아와서는 따로 시험을 위해 영어공부를 한 적이 없다. 물론 학교 수업시간에 영어단어를 외운다든가 하는 기본적인 공부는 계속했다. 하지만 문법을 따로 공부한다거나 독해 연습을 위해 억지로 예문을 읽고 문제를 푼다거나, 그러한 것들을 위해 학원을 다닌 적은 없다. 그래도 항상 영어시험은 거의 만점을 받았고 수능시험에서도 영어만큼은 만점 혹은 한두 문제 틀리는 정도였다. 토익책한 번 보지 않고 처음으로 치렀던 토익시험에서는 840점을 받았으며 그 점수를 가지고 지금 다니고 있는 외국계회사에 무사히 입사를 했다.

그렇다고 내가 완벽하게 영어를 구사한다거나 자막 없이 영화를 백 퍼센트 이해하는 정도의 실력을 가지고 있는 것은 아니다. 하지만 분명히 말할 수 있는 것은 나의 영어 실력이 '세상과 소통한다'라는 목적을 잘 만족시키고 있다는 점이다.

영어,
세상과 소통하는 도구

다시 첫 질문으로 돌아가보자. 당신은 영어를 왜 배우는가? 만약 그 목적이 단지 시험을 잘 치러 좋은 점수를 받는 것에 있다면 이 글은 읽지 않고 그냥 넘겨도 좋다. 우리 대부분은 거의 평생 동안 영어를 배웠음에도 외국인 앞에서 한마디 제대로 하지 못하게 되면 당황하고 부끄러워 얼굴이 벌겋게 달아오른다. 외국여행을 가서도 원하는 것을 정확히 말하지 못해 답답해하거나, 손짓 발짓으로 겨우겨우 의사소통을 하고 나면 그동안 영어를 허투루 배웠다는 자괴감에 빠지곤 한다.

결국 영어라는 언어를 배운다는 것은 세상과 소통을 하기 위한 수단을 갖는다는 것이지 그 자체가 목적이 되어서는 안 된다. 언젠가 TV 프로그램 <EBS 영재발굴단>에서 9세 영어천재 장유훈 군에 대해 소개되었다. 그는 영어 자체가 목적이 아니라 자신의 꿈을 위한 도구로 사용하고 있었다.

유훈이는 강원도 고성의 시골마을 학교에서 원어민 선생님의 통역사 역할을 하고 전국 영어 말하기 대회에서 1등을 할 정도로 영어 실력이 뛰어나다. 그는 따로 학원을 다니거나 특별히 영어교육을 받지도 않는다. 대신 주변에 보이는 나무나 풀, 곤충과 동물들에게 영어로 말을 걸고 좋아하는 팝송을 따라 부르는 방식으로 공부한다. 또한 초등학교 4학년 때 토익 940점을 맞아 영어천재로 알려진 누나가 공부한 방법을 그대로 따라 하기도 하고 누나와 함께 토론을 하면서 영어공부를 한다.

영어공부 외에도 유훈이는 역사공부를 열심히 한다. 역사 선생님이 꿈이라는 유훈이는 영어를 열심히 배우는 이유가 우리 역사를 외국인에게 알리고 싶어서라고 말한다. 이런 그에게 <EBS 영재발굴단>은 이태원 거리에서 외국인을 상대로 군함도에 대해 설명하는 영어 버스킹을 제안했고 그 영상은 단번에 화제에 됐다. 외국인들에게 인상적인 설명을 끝마친 유훈이는 재밌었다고, 영어는 좋은 존재라고 말한다. 그리고 "역사와 영어공부를 많이 하고 외국인들에게 마음껏 말할 거예요"라고 말하며 자신의 포부를 밝힌다.

입시를 위해 영어공부를 하는 학생들과 자신의 꿈을 위해 영어를 활용하는 유훈이를 비교해보면 목적 자체가 달라도 너무 다르다. 이러한 점을 보았을 때 앞으로 세계를 무대로 활동할 우리 아이들은 지금까지와는 다른 영어교육을 받아야 한다. 국가 차원에서 영어교육 과정에 많은 투자와 시도가 있어야겠지만 무엇보다 영어 그 자체가 목적이 되기보다는 각자 자신의 꿈을 세상에 펼쳐나가기 위한 도구로서 영어를 가르쳐야 한다. 즉, 영어교육의 목적이 입시에서 벗어나 세상과 원활하게 소통하는 데에 중점을 두어야 한다.

시험을 위한 영어공부를 당장 그만둘 수는 없다. 영어 실력을 평가하기 위해 읽고 답하는 과정이 빠지기 어려운 것도 이해한다. 하지만 목적으로 영어를 공부하기보다는 수단으로서 영어를 공부하고 자신이 진짜 원하는 것에 영어를 적극 이용해보길 바란다.

영어를 배우기 위해 원서를 독해하는 것이 아니라 진짜 읽고 싶은 문학작품을 원어로 보기 위해 영어를 읽어야 한다. 전 세계 선수들과 어깨를 견주기 위해 영어를 배우고, 외국에서 공부해보기 위해 영어를 배워야 한다. 이처럼 영어는 그 자체가 목적이 아니라 세상과 소통하기 위한 훌륭한 도구임을 잊지 말자.

뛰어난 실력이 아닌
뛰어넘는 습관을

원어민처럼
완벽하게 할 필요는 없다

세계적으로 가장 많은 사람들이 사용하는 언어는 무엇일까? 해마다 전 세계 언어에 대한 통계자료를 발표하는 '에스놀로그(Ethnologue)'를 살펴보면 그 답을 알 수 있다. 2017년 에스놀로그는 현재 전 세계에 존재하는 총 7,099개의 언어를 조사해 관련 통계를 발표했다. 아마 다들 예상했겠지만 전 세계적으로 가장 많이 사용하는 언어는 중국어로 총 사용자가 무려 12억 4,000만 명에 달한다. 그다음으로는 9억 8,000만 명이 사용하는 영어이고 이어서 힌디어, 스페인어 순이었다. 한국어는 7,700만 명이 사용하는 것으로 나타났고 20위를 차지했다.

여기서 우리는 전 세계적으로 가장 많이 사용되는 중국어와 영어에 관한 통계를 다시 한번 자세히 살펴볼 필요가 있다. 중국어는 어마어마한 인구를 바탕으로 전 세계에서 가장 많이 사용되는 언어가 되었다고 볼 수 있다. 전체 중국어 사용 인구 12억 4,200만 명 중 원어민은 10억 4,900만 명으로 비율이 85퍼센트에 달한다. 중국대륙을 벗어나면 거의 다른 나라에서는 사용되지 않는다는 점을 봤을 때 가장 많은 사람들이 쓰는 언어이지만 세계 공용어라고 볼 수는 없다.

반면 영어는 전체 영어 사용 인구 9억 8,000만 명 중에서 원어민은 3억 7,100만 명으로 비율이 37퍼센트밖에 되지 않는다. 영어가 모국어가 아닌 사람의 비율이 전체 영어 사용 인구의 63퍼센트로 절반을 훨씬 넘는다. 현재 영어는 약 110개 국가에서 사용되고 있으며 전 세계 공용어로서 중요한 역할을 담당하고 있음을 알 수 있다.

영어가 모국어가 아닌 사람들이 훨씬 더 많이 영어를 사용하고 있다는 사실이 주목할 만하다. 우리가 흔히 배우려고 하는 영어, 즉 정통영어라고 말하는 미국식 영어, 영국식 영어보다 한국식 영어, 중국식 영어, 인도식 영어, 말레이시아식 영어와 같은 비정통영어가 훨씬 더 많이 사용되고 있는 것이다.

앞서 나는 학창시절을 지나 직장생활을 하면서까지 영어를 배운 많은 한국인들이 정작 외국인 앞에서는 말 한마디 제대로 하지 못한다고 했다. 그 이유로 시험을 위한 영어만을 배웠기 때문이라고 말했지만 여기서 또 다른 하나의 이유를 알 수 있다. 바로 한국인들은 미국, 영국과 같이 흔히 말하는 정통영어만을 배웠고 또 그것이 무조건 맞다는 인식을 가지고 있다는 것이다.

원어민처럼 완벽하게 문법에 맞게 말해야 하고 R, L, F, Z, th와 같은 영어발음도 완벽하게 해야 하며 엑센트도 적절히 넣어주어야 한다고 생각하기 때문에 외국인 앞에만 서면 머릿속이 하얗게 비어버리는 것이다. 발음이 조금만 잘 안 나와도, 문법이 조금만 의심스러워도 금방 위축되어 차마 입 밖으로 말하고자 하는 영어를 내뱉지 못한다.

문법? 발음?
틀려도 괜찮아

그러나 위의 통계가 보여준 것처럼 정통영어에 목맬 필요가 없다. 원어민보다 비원어민의 영어 사용자가 훨씬 많기 때문에 영국인이나 미국인과 대화할 기회보다 영어를 사용하는 비영어권 사람과 이야기할 기회가 더 많다. 이미 영어는 세계공용어로 사용되기 때문에 유럽을 가든, 아시아 다른 나라를 가든, 아프리카를 가든, 말이 통하지 않으면 모두 영어로 대화를 시도하고 그렇게 소통을 하고 있다.

그렇기 때문에 발음과 문법에 얽매여 영어로 말하는 것을 어려워할 필요가 없다. 최근 많은 사람들이 유럽여행을 가는데 그곳에서 영어로 대화를 하게 되는 사람들 중에 원어민은 거의 없다. 대신에 프랑스나 이탈리아, 스페인 등을 여행하며 그곳 현지 레스토랑에서 영어로 주문을 하고 표를 사고 길을 찾기 위해 현지 사람들과 짧게 영어를 주고받는 상황들이 대부분이다.

그들 또한 자신의 모국어가 아니라 외국어를 말하고 있다는 것을 깨달아야 한다. 그들이 말하는 영어나 내가 더듬더듬 말하는 영어나 전혀 다를 것이 없다는 말이다. 간혹 내가 말하는 영어보다 훨씬 엉터리 영어로 대화하는 외국인들도 볼 수 있다. 그들은 한국인이 특유의 억양이 묻어나는 영어로 말하듯이 각자 자신의 색깔이 녹아 있는 영어를 사용한다.

나는 이런 차이점을 독일 교환학생으로 있을 때 확실히 느낄 수 있었다. 당시 쉐어하우스에서 살았는데 함께 지내던 친구들의 국적은 모두 달랐다. 나는 브라질, 불가리아, 인도, 미국에서 온 친구들과 같은 층을 사용했다. 저녁이면 하나둘 저녁을 먹기 위해 식당으로 모였는데 그곳에서 각자의 음식을 먹으며 자연스럽게 많은 이야기를 나누었다.

다들 다른 나라에서 왔고 독일어는 할 줄 몰랐기 때문에 모두 영어로 대화를 했다. 각자 사용하는 영어는 조금씩 달랐다. 미국인 친구가 사용하는 영어를 표준으로 봤을 때 나의 영어는 한국인 특유의 억양과 한국식 문장이 들어 있었고 불가리아 친구와 브라질 친구는 혀를 안으로 말아 오토바이처럼 부르르 떠는 소리인 rr 발음이 곳곳에 들어가는 영어를 구사했다. 제일 알아듣기 힘들었던 것은 인도 친구의 발음이었는데 인도 특유의 엑센트뿐 아니라 th 발음을 r로 하는 경향이 있어 healthy라는 쉬운 단어도 '헬리'라고 말하는 바람에 알아듣기까지 오래 걸렸던 기억이 난다.

중요한 것은 각자 모두 자신만의 영어를 구사했지만 의사소통에 전혀 어려움이 없었다는 사실이다. 처음에는 나도 발음이나 문법이 신경 쓰여 말을 하면서도 계속 망설이고 멈추고를 반복했다. 하지만 명백히 틀린 문장이고 엉터리 발음임에도 당당히 자신의 이야기를 하는 다른 나라 친구들을 보면서 자신감을 얻을 수 있었다. 그렇게 나는 영어에 자신감을 찾게 되었다.

앞서 말했듯이, 우리가 영어를 배우는 목적은 결국 의사소통이다. 영어로 논문을 쓰거나 번역, 통역을 하는 것이 아닌 이상 내가 하고 싶은 말을 잘 전달하는 데에 진짜 목적이 있음을 잊어선 안 된다. 물론 단어를 많이 알고, 문법을 완벽하게 알며, 좋은 발음을 가지고 있으면 더 원활한 의사소통을 할 수 있다는 것은 부정할 수 없는 사실이다. 문제는 한국 사람들이 문법과 발음에 지나친 열등감을 가지고 있다는 것이다. 그러나 외국인들과 살아보거나 외국계기업에서 일해보면 그렇게 유창한 발음에 열등감을 느낄 필요가 전혀 없다는 것을 알 수 있다.

당신의 영어 실력은
이미 완벽하다

　　　　　　　　　　　　내가 다니고 있는 회사는 독일계이다. 그리고 소프트웨어 관련 일은 인도 지사에서 많은 부분을 담당하기 때문에 회사에는 독일 직원을 비롯해 인도 직원들이 많이 근무한다. 회사의 모든 업무 문서나 이메일은 영어가 원칙이고 업무 관련 자료도 전부 영어로 되어 있다. 회의에 외국인이 한 명이라도 참여하면 영어로 회의를 하고 수시로 외국에 있는 독일인, 인도인과 전화 혹은 화상대화를 한다.

처음 회사에 들어가서 놀랐던 것은 상사들의 영어 실력이었다. 내가 봤을 때는 이곳이 외국계가 맞나 싶을 정도로 상사들의 영어 실력은 형편없었다. 문법도 엉망이거니와 발음은 그냥 한국말을 영어로 하는 정도였다. 물론 회사에는 영어를 유창하게 잘하는 직원들이 더 많다. 하지만 그 틈에는 요즘 같으면 영어 때문에 회사에 들어오지도 못했을 것 같은 직원들도 꽤 있다.

그들의 영어 실력도 뜻밖이었지만 내가 더욱 놀랐던 점은 그런 식으로도 영어를 당당히 잘한다는 점이다. 회의를 주재하고 질문을 하고 독일인, 인도인의 대답을 알아듣고 영어문서를 읽고 작성하는 데에 전혀 문제없이 업무를 수행한다.

인도인들의 영어발음은 알아듣기가 너무 어렵다. 발음도 특이하고 억센데 말까지 빠르다. 전화로 말하면 알아듣기가 더 힘들다. 나도 처음에는 인도 직원과 전화로 회의를 하면서 진땀을 흘린 적이 몇 번인지 모른다. 하지만 내가 영어 실력이 짱이라고 생각했던 상사들은 인도 직원과도 곧잘 전화회의를 진행했고 독일 직원, 인도 직원 가리지 않고 의사소통을 잘했다. 시간이 지나면서 내가 영어 실력에 대해서 잘못 생각하고 있다는 점을 깨달았다.

나 또한 영어 실력이란 얼마나 잘 맞는 문법을 구사하고 버터 바른 듯 굴러가는 발음을 하느냐, 그리고 얼마나 유려하게 문장을 만드는지로 판단하고 있었던 것이다. 그러나 회사에서 사용하는 영어의 목적이 나의 의견을 표현하고 상대방과 대화하며 영어문서를 읽고 업무를 처리하는 데에 있다면 그 상사들은 분명 훌륭한 영어 실력을 가지고 있는 것이다.

몇 년 전, 정치적 이슈 때문에 반기문 전 유엔사무총장이 국내에 다시금 화제에 떠오른 적이 있다. 반 전 총장이 이슈가 되면서 그가 해외에서 연설하는 장면도 같이 회자되었는데 많은 사람들에게 실망과 동시에 희망을 주었다. 유엔사무총장에 걸맞게 화려한 영어를 구사할 것이라 생각했던 사람들에게는 반 전 총장의 된장 같은 토종 한국식 발음이 실망감을 주었다. 반면에 그런 된장발음으로도 세계 정상들 앞에서 당당히 연설을 하는 모습은 영어발음에 대한 강박관념을 깨뜨리며 많은 한국인들에게 안도감을 주기도 했다.

완벽한 문법, 훌륭한 발음을 해야만 영어 실력이 좋은 것이라 생각한다면 그 강박관념에서 벗어나길 바란다. 문법, 발음보다 중요한 것은 하고 싶은 말을 잘 전달하는 것, 즉 의사소통에 있다. 자신의 의도만 잘 전달된다면 당신의 영어 실력은 이미 완벽하다. 결국 우리가 영어를 못하는 이유는 문법을 잘 몰라서, 발음이 안 좋아서가 아니라 당당하게 내 영어를 할 수 있는 자신감이 없기 때문이다.

영어를 공부한 우리나라 대부분의 사람들은 영어로 된 문장을 읽고 해석하는 능력이 뛰어나다고 한다. 시험을 치르려면 필수적인 능력이기 때문이다. 더 뛰어난 실력을 가지기 위해 학원에 가고 화상영어, 전화영어를 한다. 하지만 뛰어난 실력을 쌓기 위해 노력하기보다는 당당하게 영어로 말하는 습관을 가져야 한다. 우리의 영어를 문법과 발음으로 판단하는 사람은 한국인밖에 없다고 봐도 좋다. 그러니 하고자 하는 말을 자신 있게, 당당하게 해보자. 틀려도 좋다. 자신감만 생긴다면 당신의 영어는 이미 완벽하다.

해야 할
단 하나의
공부를 찾아라

무엇을
공부하고 싶은가?

어느 날 우연히 드라마의 한 장면을 보게 되었다. 수업을 마치고 나오는 선생님을 따라 한 학생이 나오면서 따져 묻는다. "도대체 윤리시간에 수학공부한 것이 뭐가 잘못인데요? 어차피 윤리는 수능에 나오는 것도 아니잖아요!" 윤리시간에 수업은 듣지 않고 수학문제집을 풀고 있었던 모양이다. 이에 선생님은 대답한다. "학교는 대학을 가기 위한 학원이 아니야. 윤리 과목이 있다는 것은 배울 필요가 있기 때문이야. 수능시험이 목적이라면 학교에 오지 말고 차라리 학원에 가."

드라마에만 있는 상황은 아니다. 나의 고등학교 시절에도 몇몇 학생들은 수능과 상관없는 과목의 수업시간에 국영수 문제집을 풀었다. 지금도 많은 학생들이 수업시간에 학원 문제집을 푼다고 한다. 이유는 하나다. 수능을 잘 봐서 좋은 대학에 가기 위해서다. 그 목표를 위해 학창시절 내내 졸린 눈 비벼가며 수능공부를 한다. 하지만 시험을 치르고 대학을 나오고 어느덧 직장인이 되어 불혹의 나이를 바라보는 사람들은 잘 안다. 수능이라는 것은 길고 긴 인생 중 하나의 작은 이벤트에 불과하다는 것을.

고등학교 3년 동안 나를 많이 괴롭혔던 것 중에 하나도 역시 수능이었다. 공부가 힘든 것도 사실이었지만, 모든 학생들이 수능이라는 목표만을 향해 열심히 달려가는 것이 왠지 모르게 마음이 불편했다. 수능을 치르고 나자 이 왠지 모를 불편함의 정체를 알 수 있었다. 허탈함이었다. 후배들의 열띤 응원을 받고 아침 일찍 시작된 수능은 오후가 되어 끝났고 개운함, 후련함과 같은 감정보다 허탈감을 가장 크게 맛보았다. '이렇게 아무것도 아닌 것 때문에 3년 동안 괴로워했구나.' 수능은 인생에서 수없이 치르게 될 많은 시험들 중 하나에 불과하다는 것, 그리고 쓸데없이 수능에 너무 많은 것을 걸었고 겁을 먹었다는 사실을 깨달았다. 그때부터 나는 본격적으로 미래를 고민하기 시작했다. 우선 대학이었다.

수능을 마치고 가채점 점수를 받아든 친구들은 대학을 물색하기 시작했다. 어떤 친구들은 목표로 했던 서울의 대학에 가기에는 턱없이 점수가 모자라 일찍이 재수학원을 알아보았다. 어떤 친구들은 애매한 점수 때문에 좀 더 이름 있는 학교를 선택할 것인지, 아니면 덜

유명한 대학이지만 가장 인기 있는 학과에 지원할 것인지 저울질했다. 나에게도 비슷한 고민이 생겼다. 그러나 그 고민이 오래 가지는 않았다. 대학에서 어떤 공부를 하고 싶은지 고등학교 3년 내내 나름 많은 고민을 했기 때문이다.

잘하는 공부,
좋아하는 공부

내가 가장 잘하는 과목은 지구과학이었다. 전교에서 나를 포함한 다섯 명만이 심화과목으로 지구과학2를 선택했을 만큼 많은 학생들이 어려워하고 싫어하는 과목이었다. 하지만 나에게 지구과학은 어떤 과목보다 쉬운 과목이었다. 외우지 않아도 지구와 바람과 물, 그리고 행성들의 움직이는 원리들이 너무 잘 이해되었고 시험을 치를 때는 문제의 의도마저 뻔히 보여 수능을 포함해 거의 항상 만점을 받았다.

하지만 내가 좋아하고 가장 관심 있는 것은 다름 아닌 자동차였다. 어렸을 때 남아공에서 수많은 스포츠카와 올드카를 보면서 시작된 관심이었는데 그것이 고등학생 때까지 꾸준히 이어졌다. 학교에서는 딱히 자동차 관련 과목이 없기 때문에 수시로 자동차 잡지를 사서 보았다. 덕분에 웬만한 차량의 이름과 특징들은 다 아는 정도가 되었다. 주변 친구들도 나는 무조건 자동차 관련 공부를 해야만 한다고 말할 정도였다. 내가 좋아하는 것은 자동차임에는 틀림없었다.

결국 내가 잘하는 공부를 할 것이냐 아니면 좋아하는 공부를 할 것이냐의 문제였다. 고민 끝에 내가 좋아하는 공부를 하기로 결정했다. 당시 자동차공학과로 제일 유명한 곳은 국민대였는데 지원조차 하지 못했다. 국민대 공과대학은 수리영역에 가중치를 50퍼센트나 두었는데, 나는 이과였음에도 수리와 물리를 제일 못해 수능에서 굉장히 안 좋은 수리점수를 받았다. 반면에 울산대 자동차공학과는 수능 5개 과목 중에 아무거나 제외하고도 공대를 지원할 수 있었다. 수리를 제외한 내 점수는 꽤 괜찮아 2년 전액장학금을 받으며 기계자동차공학과에 진학했다. 좋아하는 것을 선택했지만 결코 그 공부가 쉽지는 않았다. 하지만 내가 좋아한 것을 선택한 덕분에 누구보다 열정으로 가득 찬 대학생활을 할 수 있었고 지금의 내가 있다고 생각한다.

대부분의 학생들은 나와는 다른 선택을 했다. 전교생 중 지방대로 가는 학생은 거의 내가 유일했다. 대부분 서울권에 있는 이름 있는 대학에 가는 것에 초점을 맞췄고 혹은 지방대라도 의대, 한의대와 같은 유망한 직업을 가질 수 있는 대학으로 진학을 희망했다. 이는 내 모교만의 이야기는 아닐 것이다. 실제로 많은 학생들이 진로를 정할 때 어떤 직업이 유망하고 안정적이며 권위도 가질 수 있는지 따지고 재고 선택을 한다. 그리고 의사와 변호사, 회계사, 선생님, 공무원 등이 꿈이라고 말하며 힘든 공부를 이겨낸다.

하지만 정말 그것이 꿈이 될 수 있을까? 유망하고 안정적이라 생각한 그것들이 정말로 그럴까? 아니면 그렇게 생각하는 직업을 가지게 되면 정말로 인생의 문제가 다 해결될까? 우리가 쉽게 그렇게 생각하는 이유는 '문턱증후군' 때문이라며 광고가이자 인문학자인 박웅현은 어느 강연에서 말했다. 즉, 그 문턱만 넘어서서 그 직업을 가지고 직함을 가지게 되면 내 인생이 달라질 것이라는 믿음 때문이라고 말이다.

그러나 세상을 조금만 자세히 둘러보면 그것은 답이 아님을 알 수 있다. 연례행사처럼 대기업 총수들은 감옥에 가고, 양심을 팔아먹은 공직자들의 비리와 돈에 의해 좌지우지되는 검사와 변호사, 판사도 심심치 않게 보도된다. 학생을 인격적으로 모독하며 때리는 선생님도 있고 대기업에서 어마어마한 연봉을 받지만 개인의 삶은 완전히 잃어버려 자살하는 사람도 있다. 이렇듯 인생에 정답은 없다. 남들이 다 원하는 것일수록 실패 확률 또한 크다고 생각해야 한다.

그렇기 때문에 남들이 다 하려는 공부가 아니라 우선은 자신이 하고 싶은 공부를 먼저 선택하는 것이 좋다. 고등학교 시절부터 기본 학업에 충실하며 그 외의 시간에 자신이 어떤 분야에 관심이 있는지 끊임없이 탐색해야 한다. 독서를 통해서도 좋고 아르바이트나 여행도 좋다. 혹은 인생 선배들을 만나 이야기를 들어보는 것도 좋다. 그중 나의 경우처럼 잡지를 구독하는 방법을 추천하고 싶다. 흥미가 생기는 분야의 잡지를 꾸준히 사서 읽어보는 것이다. 시중에는 정말 다양한 분야에 관한 수많은 잡지가 있다. 여러 가지를 읽어보고 그 중에 관심이 제일 많이 가는 것 세 종류 정도만 골라 정기구독하며 그 관심을 키워나가자. 나중에 진로 선택을 할 때 판단의 재료로 사용될 것이다.

관심 있는 분야를 찾았다고 해서 인생의 정답을 찾았다거나 아니면 반드시 성공한다는 이야기는 당연히 아니다. 그래도 스스로 선택한 것이라면 더 열정을 가지고 공부할 수 있다. 혹시나 공부해보았더니 자신과는 안 맞는다고 해도 걱정할 필요는 없다. 그때 다른 공부를 다시 찾으면 된다. 적어도 스스로 선택해서 한 공부이기 때문에 그 과정 속에서 반드시 많은 것을 배울 수 있다. 그것이 곧 다음 선택에 있어 자신에게 더 잘 맞는 공부를 찾을 수 있는 밑거름이 되어 줄 것이다.

나에게는
나에게 필요한 공부가 있다

하고 싶은 공부의 분야가 비전이 없다거나 비주류이어도 걱정은 하지 말자. 지금처럼 4차 산업혁명에 진입하여 급변하고 있는 시대에는 아무도 미래를 장담할 수 없다. 연세대학교 세브란스병원은 이미 '한국형 왓슨'이라는 인공지능을 개발해 암 진단을 내리고 환자 개개인에 맞는 치료법을 찾아내어

의사의 진료를 돕게 하는 계획을 세웠다고 한다. 미국 아마존의 물류창고는 최근 사람이 하던 물류 선별, 포장, 배송 과정을 모두 로봇으로 대체해 많은 실업자가 발생했다.

이처럼 유망하다고 생각했던 많은 일과 직업이 로봇으로 대체되는 시대이다. 그러므로 더욱더 흔들리지 않은 기준으로 나의 공부를 찾는 것이 중요하다. 자신이 하고 싶은 공부를 찾아서 열심히 하는 사람들은 언젠가는 반드시 성공하기 때문이다.

그렇게 묵묵히 자신의 길을 걸어가는 사람이 우리 주변에는 많이 있다. 어느 날 문득 노트북 보조배터리를 만들어보고 싶어 인터넷 검색을 하던 중 발견한 어떤 블로거가 있다. 블로그에는 당시 고등학교 2학년이었던 그가 밤늦게까지 공부를 하다 말고 새벽 다섯 시까지 배터리와 각종 부품들을 사용해 훌륭한 보조배터리를 만들어내는 내용이 담겨 있었다. 웬만한 엔지니어보다 쉽고 정확하게 배터리를 만들어내는 그의 모습에 나는 금세 매료되었고 심지어 존경심까지 느꼈다. 뒤늦게 본 그의 블로그 소개란에는 자신을 다음과 같이 소개했다. '대학교 1학년, 프리랜서 공돌이'. 그의 소개글을 보면서 나는 확신했다. 이 친구는 공부를 잘하고 못하고를 떠나서 성공할 확률이 높다고 말이다. 자신이 무엇을 좋아하는지 알며 그것을 즐기고 이미 잘 활용하고 있기 때문이다.

不患人之不己知 患其無能也(불환인지불기지 환기무능야), 남이 나를 알아주지 않는다고 걱정하지 말고, 내가 능력이 없음을 걱정하라는

뜻으로 『논어』에 나오는 말이다. 자신이 정한 공부, 스스로 찾은 길을 열심히 달려 실력을 갈고 닦는다면 기회는 언젠가 반드시 온다. 그러므로 남들 다 가는 길을 쫓아다니지 말고 스스로 공부할 분야와 전공을 정해 열정을 다해 공부해보자.

인생은 마라톤이다. 100미터 달리기가 아니다. 남들 다 가는 대학, 남들이 다 원하는 회사, 남들이 다 원하는 직업을 가지기 위해 전력 질주하지 말자. 우리의 인생은 생각보다 길다. 기반을 충실히 잘 다질 시기는 바로 지금이다. 스스로 원하는 공부를 선택할 때 비로소 그 기반이 다져지기 시작한다는 것을 잊지 말자.

스펙?
하나면
충분하다

알 이즈 웰

다 잘될 거야

　　　　　　　　　　<세 얼간이>라는 인도영화를 본 적
이 있다. 나의 인생영화 중 하나로 인도 최고의 공과대학 ICE에 입
학한 세 학생의 이야기를 다루고 있다. 영화는 인생을 성적과 취업
을 위한 레이스에 몰아넣는 대학과 사회의 현실에서 부딪히고 깨지
며 스스로의 길을 찾아가는 세 학생의 유쾌하고도 슬프고 감동적인
이야기를 담고 있다. 인도영화지만 지금 우리나라 현실과도 잘 맞닿
아 있어 한국에서도 많은 공감을 받았다.

　ICE에 신입생이 들어온 날, 교장은 학생들을 모아놓고 이야기를
시작한다. "뻐꾸기는 자기 둥지를 만들지 않는다. 다른 새의 둥지에
알을 낳지. 그럼 부화하면 어떻게 할까? 다른 알을 둥지 밖으로 밀

어 깨뜨려버리지. 이렇게 경쟁은 끝난다. 뻐꾸기의 삶은 살인으로 시작한다. 자연의 이치지. 경쟁하거나 죽거나. 너희들도 뻐꾸기와 같다." 신입생들에게 무한경쟁이 시작되었음을 알리고 학생들은 그 레이스를 아무 저항 없이 시작한다.

이런 곳에 입학한 세 학생이 있다. 첫 번째, 파르한은 태어났을 때부터 아버지에 의해 공학자가 되어야 한다는 운명을 부여받았다. 아버지의 뜻대로 열심히 공부해 인도 최고의 공대에 입학했다. 아버지는 이것을 마을의 자랑거리로 삼는다. 하지만 파르한은 공학보다는 순간순간을 카메라에 담는 사진을 사랑한다.

두 번째, 라주는 찢어지게 가난한 집에서 자랐다. 병으로 몸져누우신 아버지, 이런 아버지를 간호하는 어머니, 그리고 결혼 지참금이 없어서 결혼도 못 하는 누이. 가족을 먹여 살리기 위해서 그는 대기업에 가야만 하는 부담과 두려움을 가지고 있다.

세 번째, 란초는 영화의 주인공이자 핵심인물이다. 공학을 누구보다 사랑하고 정해진 규율과 규칙보다는 자신의 마음과 신념을 따르는 학생이다. 파르한, 라주 두 친구의 어려움을 돕고 기꺼이 자신을 희생하는 의리 있는 친구이다. 두 친구가 각자의 벽을 깨는 데 핵심적인 조언과 도움을 준다. 다른 학년의 수업도 관심이 가면 무작정 청강을 하고, 좋아해서 공부를 하는 만큼 항상 시험에서 1등을 한다. 반면에 나머지 두 친구는 항상 꼴찌다. 그에게 두 친구는 묻는다. 왜 너는 열심히 하는 것 같지도 않은데 항상 1등이냐고 말이다. 이에 란초는 자신은 기계를 사랑하기 때문이라며 두 친구에게 말한다.

"파르한, 너는 사진을 사랑하지만 공학이랑 결혼을 하려고 하고 있어. 라주, 넌 공학을 사랑하지만 네 마음속은 항상 내일에 대한 걱정과 불안, 두려움으로 가득 차 있어. 누나의 결혼, 가족의 부양, 취업. 그런 걱정을 하면서 도대체 언제 공부를 하지? 하루를 어떻게 살지?"

란초는 자신의 재능을 따르면 성공은 자연스레 따라오는 것이라며 다음과 같이 말한다. "너의 재능을 따라가란 말이야. 마이클 잭슨의 아버지가 아들더러 복서가 되라고 했다면, 무하마드 알리의 아버지가 아들더러 가수가 되라고 했다면 어땠을까? 그건 재앙이지." 그리고 인간의 마음은 겁을 잘 먹기 때문에 두렵거나 힘든 일이 생기면 가슴에 손을 얹고 이렇게 말해야 한다고 설명한다. "알 이즈 웰." All is well. '괜찮다, 다 잘될 거야'라고 마음을 달래주는 것이다.

좋아하는 것에
열정을 바친 결과

란초의 자유로움과 철학이 두 친구를 조금씩 변화시킨다. 성적과 취업 그리고 친구들 사이에서 선택을 해야만 했던 라주는 감당하기 어려운 괴로움에 자살을 시도했으나 란초와 파르한의 지극한 간호로 다시 살아난다. 그 후 그동안 자신의 마음을 가득 지배하고 있던 두려움을 극복한다. 자기 삶의 소중함을 깨닫게 되어 그렇게 원하던 기업의 면접관들 앞에서도 자신의 신념을 정확하게 관철시킬 수 있는 용기와 대담함을 얻게 된다.

파르한은 평소 자신이 동경하던 사진작가에게 보내려던 편지를 아버지 때문에 보내지 못하고 있었다. 대신 두 친구들이 그 편지를 몰래 사진작가에게 보낸다. 그리고 마침내 함께 일해보자는 답장을 받는다. 답장을 받아들고 면접과 사진작가의 꿈 사이에서 갈등하고 괴로워하던 파르한에게 란초는 이야기한다. "너의 재능을 따라가면 성공은 뒤따라올 거야. 너의 진심을 아버지께 말씀드려봐." 파르한은 태어나서 처음으로 아버지께 자신의 진심을 말한다. 결국 아버지는 취업선물로 준비했던 노트북을 팔아 카메라를 대신 선물해준다. 란초는 이런 자신의 철학과 신념, 가치관을 바탕으로 시골에 작은 학교를 세워 아이들을 가르치며 누구보다 훌륭한 공학자이자 선생님이 된다.

내가 이 영화를 본 것은 때마침 나 혼자만의 시간을 가지며 치열하게 고민하던 교환학생 시절이었다. 영화가 주는 메시지들이 나의 가슴과 머리를 세차게 흔들어댔고 나의 고민의 칼날을 더욱 예리하게 만들어주었다. 그리고 생각했다. 란초가 기계와 공학을 사랑하는 것처럼, 내가 사랑하는 것은 무엇일까? 파르한이 사진을 사랑해 결국 마음을 따라 사진작가가 되는 것처럼 나의 마음은 무엇을 말하고 있는 것일까? 나는 라주처럼 무언가에 대한 두려움과 부담을 가지고 있는가? 그리고 내가 해야 하는 공부는 무엇일까? 여러 가지 생각들이 머릿속을 가득 채웠다.

영화를 보고 나서 계속 가슴이 벅차올랐던 이유를 직감할 수 있었다. 내 생각과 신념이 이 영화를 통해 응원받았기 때문이다. 나도 내가 사랑하는 것이 있었고 남들처럼 큰 흐름에 휩싸이기보다는 내가 사랑하는 것을 믿었고 마음을 따랐다. 나에게는 그것이 자동차였다. 앞서 말했듯 나는 자동차에 줄곧 관심이 많았다. 대학에 들어가서는 실제로 자동차를 만들 수 있다는 사실에 흥분하며 '자동차연구회'라는 동아리에 가입했다.

자동차연구회는 내가 속한 기계자동차공학부 소속의 동아리였다. 학생들이 직접 설계부터 제작, 논문 작성 그리고 대회에 참가해 2박 3일 동안 레이스를 펼친다. 무언가 만드는 것을 좋아하고 자동차도 좋아하는 나에게는 완벽한 동아리였다. 수업시간을 제외하곤 항상 동아리 작업실로 향했다. 공강시간에도, 밤늦은 저녁시간에도, 그리고 방학 때도. 대회를 앞둔 기간에는 며칠 밤을 꼬박 지새우며 설계를 하고 쇠파이프를 용접하고 엔진을 설치하고 도색을 하고 테스트드라이브를 하며 수정과 보완을 끊임없이 진행했다. 그럼에도 전혀 피곤하거나 힘들지 않았다. 매일매일이 즐거운 배움의 연속이었고 같은 열정을 공유한 사람들로 가득 찬 동아리 작업장은 항상 활기로 넘쳤다.

자연스레 나는 자동차연구회 활동을 최우선에 두었고 학점은 점점 떨어졌다. 지방대인데 학점마저 나쁘면 나중에 취업이 어렵다면서 친구들이 조언과 경고를 했다. 그러나 나에겐 아무 상관 없었다. 교수가 출제하는 시험문제를 맞히기 위해 공부하기보다 실제 차를 만들 때 필요한 공학적 지식을 찾아가며 제작 중인 차에 적용시켰다. 열정을 공유하는 사람들과 함께 연구하고 토론하며 실제 적용해보는 살아있는 공부가 훨씬 훌륭하다는 믿음으로 가득 차 있었다.

자동차연구회는 그야말로 열정의 공간이었다. 동아리 활동을 벗어나 대학원에 진학한 선배들도 지속적으로 동아리를 방문했다. 후배들이 필요한 전문적 지식이나 질문 등을 해결해주기도 하고 직접 기술을 전수하기도 했다. 한 선배에게 배운 충돌해석 툴로 작성한 논문은 대회에서 최우수논문상을 받기도 했다.

그렇게 나의 대학생활은 자동차연구회라는 열정으로 가득 찬 시기였다. 나의 공부와 관심은 오로지 자동차에 있었고 자동차를 위한 것이었다. 남들이 다 준비하던 그 흔한 자격증도 없고 지방대 학생이었으며 학점도 겨우 평점 3점을 넘을 정도였다. 그러나 나는 졸업을 한 학기 남겨둔 상황에서 외국계기업 인턴으로 취직이 되었다. 반년 뒤에는 당당히 자동차 엔지니어로 정식입사를 할 수 있었다. 정직원 면접을 보고 나서 그런 나의 대학생활이 틀리지 않았음을, 내가 좋아하는 것에 오로지 열정을 바쳤던 나의 확신이 맞았음을 확인할 수 있었다.

스펙 쌓기보다
살아있는 공부를

　　　　　　　　정직원 면접을 볼 때 외국 임원이 물었던 질문이 아직도 기억이 난다. 나의 성적표를 쓱 보시고는 공대생인데 공업수학 성적이 왜 이렇게 안 좋은지 이유를 물었다. 나의 약점이었으나 위축되지 않고 말했다. "공업수학 성적이 안 좋은 것은 교수님이 생각하는 공부와 제가 생각하는 공부가 달랐기 때문이라 생각합니다. 시험성적이 안 좋은 것은 온갖 수학공식을 잘 외우지 못했기 때문입니다. 하지만 실제로 그 지식이 필요할 때는 그 모든 공식들을 외울 필요가 없습니다. 조금만 찾아보면 금방 알 수 있는 것들이기 때문입니다. 그것보다 더 중요한 것은 그 공식이 왜 필요한지, 왜 그 공부를 해야 하는지 아는 것이라고 생각합니다."

　조금은 억지스러운 대답을 마치며 상을 받았던 논문을 보여드렸다. 학점은 비록 낮지만 대신에 내가 열정을 바쳤던 자동차연구회에서 어떻게 살아있는 진짜 공부를 했는지, 무엇을 배웠는지 설명했다. 그러자 면접관들 입가에 알 수 없는 미소가 보였고 훈훈한 분위기에서 면접을 끝낼 수 있었다. 면접을 마치자마자 내가 일하게 될 부서의 이사님이 따로 불러 추가로 이야기를 더 나누었다. 합격임을 직감으로 알 수 있었다. 그렇게 나는 단 한 장의 이력서로 단 한 군데만 지원해서 나의 스토리로 당당히 합격했다.

　나에게는 남들이 다 생각하는 그런 스펙은 없었다. 공대생들이 많이 준비하는 자격증도 없고, 유명한 서울권 대학도 아니었으며, 심지어 학점도 형편없었다. 정직원으로 입사를 하고 보니 나 빼고는 대부분 서울의 유명 대학 출신이었다. 하지만 실제 업무를 하면서 그 누구에게도 뒤처지지 않았고 대학교 이름보다, 학점보다, 스펙보다 중요한 것이 있음을 증명해냈다.

결국 스펙보다 중요한 것은 나의 열정과 나의 스토리였다. 열정은 내가 무엇인가를 자발적으로 즐기며 할 수 있게 만들어준다. 남이 시키지 않아도, 성적을 위한 것이 아니어도 내가 하고 싶기 때문에, 즐겁기 때문에 하게 된다. 그만큼 많이 배우고 성장하게 됨은 물론이고 열정을 따르다 보면 나만의 스토리가 생긴다. 그 스토리야말로 누구도 따라할 수 없는, 어떤 스펙보다 강한 자신의 강점이 되는 것이다.

내가 하고 싶은 공부를 찾아 대학에 갔다. 그곳에서 내가 좋아하는 것을 찾아 나의 모든 열정을 바치며 공부했다. 또 내 인생에 대한 깊은 고민과 도전으로 만들어낸 교환학생 1년의 기간. 이것들이 나를 그 누구와 비교할 수 없는 나만의 스토리라는 최고의 스펙을 가진 사람으로 만들어주었다.

내 주변에는 영화 <세 얼간이>에 나오는 파르한, 라주와 같은 친구들이 많이 있었다. 취업 걱정, 불우한 환경 탓을 하며 아무것도 하지 못하는 친구들. 나는 그들에게 란초와 같은 사람이 되고 싶었다. 비록 영화처럼 그 친구들의 삶을 바꾸지는 못했지만 나 스스로는 란초처럼 내 마음을 따르는 사람이 되려 노력했고 그것은 지금도 진행 중이다.

많은 학생들이 란초와 같은 마음을 가져야 한다고 생각한다. 남들다 하니까 불안해서 따라 하는 것이 아니라, 취업과 성적만을 위해 공부를 하는 것이 아니라, 진짜 자신이 좋아하는 것을 찾아 열정을 바치는 그런 공부를 해야 한다. 그래도 미래가 불안하다면 가슴에 손을 대고 말해보자. "알 이즈 웰."

만약 진짜 좋아하는 것을, 남이 시키지 않아도 밤을 꼴딱 새우며 즐거워 계속하게 되는 그 무언가를 찾았다면, 절대 두려워하거나 불안해하지 말자. 대신에 좋아하는 그것을, 열정이 끓어오르는 그것을 최선을 다해서 해보자. 최소한 1년은 시도하고 꾸준히 노력해야 한다. 그 후에는 누구도 흉내낼 수 없는, 누구와도 비교할 수 없는 나만의 스토리를 만들어낼 것이고 그것이 진짜 스펙이 된다.

파브르가 곤충에 미쳐 있었고 포드가 자동차에 미쳐 있었고 에디슨이 발명에 미쳐 있었던 것처럼 나만이 미칠 수 있는 무언가를 찾아 열정을 다하자. 그 하나를 찾아 최소 1년은 파고 또 파라. 없는 자신만의 무기를 가지게 될 것이다.

8. 운동

움직이고
또 움직인다

체력도
곧
실력이다

운동,
하고 싶지만 하지 않는다?

　　　　　　　한국교육개발원이 중학교 1학년부
터 고등학교 2학년까지의 학생들을 대상으로 체육시간을 조사했다.
그 결과 학년이 올라갈수록 체육시간에 땀 흘려 운동하는 시간이
줄어드는 것으로 나타났다. 고등학교 2학년 중 51.7퍼센트가 땀 흘
려 운동하는 시간이 일주일에 한 시간 이하라고 답했고 22.5퍼센트
의 학생은 전혀 없다고 답했다. 고등학생 다섯 명 중 한 명은 체육활
동을 전혀 하지 않는 것이다.
　대부분이 학생들이 시험에만 집중하고 수능에 도움이 되지 않는
체육시간은 대충 때우는 식이다. 일주일에 한두 시간 남짓한 짧은
시간인데 실기평가까지 치러야 하니 오히려 스트레스로 다가온다

며 차라리 그 시간에 수능공부를 하겠다는 학생들도 많다. 반면 체육을 가르치는 교사들은 제대로 운동을 가르치기에는 시간이 너무 짧다며 고충을 토로한다.

대입 과정에 체육실기가 포함되어 있는 프랑스나 필수과목으로 체육이 지정되어 있는 독일처럼 유럽 대부분의 나라들은 체육시간을 중요하게 여긴다. 또한 수많은 생활스포츠 클럽들이 있어 학생뿐만 아니라 국민 대다수가 스포츠를 즐기기 쉽게 만들어져 있다. 반면 우리나라는 학년이 올라갈수록 체육수업이 등한시되고 큰 시험을 앞둔 학생들에게 체육시간 대신 다른 교과목으로 대체수업을 하는 일도 비일비재하다.

이와 같은 사정은 직장인도 크게 다르지 않다. 취업포털 인크루트가 한국건강증진개발원과 함께 직장인 499명을 대상으로 설문조사를 진행했다. 96퍼센트의 직장인이 운동에 대한 관심을 가지고 있었다. 그러나 비용을 들여 규칙적으로 운동을 하고 있다고 답한 사람은 20퍼센트에 그쳤다. 운동에 전혀 관심이 없다고 대답한 4퍼센트의 사람들을 제외하고는 전부 운동을 해야 한다고 생각하고 있었다. 그러나 과중한 업무 혹은 직장동료의 영향, 귀찮음 등의 이유로 운동을 미루고 있었다. 사회인 스포츠클럽이 활성화되어 있어서 직장 생활을 하면서 운동을 꾸준히 하고 국가대표까지 하기도 하는 유럽의 상황과 대조해보면 많은 차이가 있다.

운동이
좋은 이유

학생과 직장인들이 공부와 일 때문에 운동과 점점 멀어지고 있다. 하지만 공부를 잘하고 싶다면, 업무를 보다 효율적으로 잘하고 싶다면 운동시간을 줄이는 것이 아니라 오히려 더 늘려야 한다. 주변을 둘러보면 운동도 잘하고 공부도 잘하는 친구, 여러 가지 운동에 다재다능하면서 업무도 효율적으로 잘 처리하는 동료직원이 있다. 그들은 왜 그렇게 다 잘하는 것일까? 다음의 연구결과를 보면 그 이유를 알 수 있다.

인터넷신문 《쿼츠》에 소개된 한 연구에 따르면 운동은 뇌유래신경영양인자(Brain Derived Neurotrophic Factor, BDNF)의 수치를 증가시켜 해마세포의 장기적인 성장을 돕는다고 한다. 해마는 두뇌에서 학습과 기억을 담당하는 부분으로 전 생애를 거쳐 지속적으로 새로운 뇌세포를 만들어낸다. 장기기억, 인지능력 및 새로운 상황을 상상하는 능력과도 관련이 있다. 즉, 운동을 꾸준히 오래하면 학습능력이 좋아짐은 물론이고 인지능력 저하나 치매를 예방할 수도 있다. 문제를 해결할 수 있는 여러 가지 상황에 대한 상상력도 기를 수 있다. 시험 전날 운동을 하고 난 학생의 성적이 더 좋았다는 연구결과는 어쩌면 당연한 것이다.

또 다른 연구를 보자. 핀란드 유배스큘래(Jyvaskyla) 대학 연구팀은 다 자란 수컷쥐를 대상으로 운동이 뇌세포에 미치는 영향을 연구했다. 첫 번째 집단의 쥐는 아무런 운동을 시키지 않았고, 두 번째 쥐는 내키는 대로 달릴 수 있도록 쳇바퀴 환경을 구성해주었다. 세 번째 집단의 쥐는 웨이트트레이닝과 유사하게 한 세트에 15분 걸리는 격렬한 운동을 시켰다. 약 7주간 실험을 진행한 후 각 집단별로 쥐의 해마 속 뇌세포를 관찰했는데 그 결과는 놀라웠다.

 아무런 운동을 하지 않은 첫 번째 집단 쥐들의 해마 뇌세포에는 거의 변화가 없었다. 하지만 달리기 운동을 시켰던 두 번째 집단 쥐들의 해마에는 그전에 비해 새로 생성된 신경세포로 가득했다. 그중에서도 좀 더 먼 거리를 달린 쥐, 즉 운동을 더 많이 한 쥐의 해마 속에는 더 많은 새로운 신경세포가 생성되었다. 세 번째 격렬한 인터벌 운동을 한 쥐들의 해마에도 운동을 하지 않은 쥐들보다 훨씬 많은 새로운 신경세포들이 관찰되었다. 그러나 달리기를 한 집단의 쥐들과 비교하자면 그 정도가 크지 않았다. 즉, 달리기와 같은 유산소운동이 새로운 뇌세포를 생성하는 데에 훨씬 탁월하다는 것이다. 이연구를 이끈 유배스큘래 대학의 미리암 노키아(Miriam Nokia) 박사는 "인간에게도 뇌건강을 증진시키는 데 꾸준한 유산소운동이 가장 좋다는 해석이 가능합니다"라고 말하며 가벼운 조깅이나 달리기를 추천했다.

 연구를 통해 운동이 뇌의 건강에 미치는 영향이 증명되었지만 운동을 해본 사람이라면 운동의 효과를 본능적으로 느낄 수 있다. 운동을 하고 난 뒤 흠뻑 땀에 젖었을 때 묘하게 찾아오는 쾌감이 바로 그것인데, 운동을 하면 뇌에서 즉각적으로 도파민과 엔도르핀이 분비되기 때문이다. 이처럼 운동으로 얻을 수 있는 즉각적이고 좋은 효능 중에 하나가 바로 우울함을 없애주고 활기를 돌게 하며 기분을 좋게 만들어주는 스트레스 해소작용이다.

스트레스는 만병의 근원이다. 학업과 업무 능률을 저하시키고 심하면 신체적 질병을 일으키거나 우울증에 걸리게 만들기도 한다. 학생과 직장인을 불문하고 많은 사람들이 스트레스를 해소하기 위해 영화를 보거나, 단 음식을 먹거나, 잠을 늘어지게 자는 등 자신만의 방법을 찾는다.

하지만 단언컨대 가장 좋은 스트레스 해소 방법은 바로 운동이다. 단 30분이라도 러닝머신을 뛰거나, 집에서 가까운 동네산을 오르거나, 아니면 정식으로 스포츠센터에 등록해 하고 싶었던 운동을 일주일에 두세 번 정도 하는 것을 적극 추천한다.

운동을 할 수 밖에 없는
환경을 만들어라

내가 지금까지 해본 운동 중에 스트레스 해소에 가장 좋은 운동 하나만 꼽으라면 주저 없이 스쿼시를 선택할 것이다. 나는 퇴근 후 일주일에 두세 번 정도 스쿼시를 한다. 코트 안에서 있는 힘껏 공을 치면 벽에 맞아 튕기며 경쾌한 소리를 내는데 그때 하루 동안 쌓였던 모든 스트레스가 함께 사라지곤 한다. 운동을 하면 건강도 좋아지고 체력도 기를 수 있으며 스트레스까지 해소되니 충분히 일석삼조라 부를 만하다.

힘든 학업이나 일상에 치이게 되면 운동이고 뭐고 빨리 집으로 가서 쉬고 싶은 생각이 간절할 것이다. 운동을 해야 한다고 생각은 하지만 쉽게 발걸음이 옮겨지지 않는다. 그렇기 때문에 운동을 할 수밖에 없는 환경을 최대한 만들어내야 하고 그것을 습관으로 만들어야 한다. 운동을 습관으로 만드는 방법은 조금 뒤에 다시 이야기하겠다. 그보다 먼저 중요한 것은 운동의 중요성을 늘 상기하고 운동을 습관으로 만들고자 하는 마음가짐이다.

일주일에 두세 번씩 운동하는 패턴이 일주일, 한 달, 1년 동안 지속되면 운동을 하지 않았을 때 무언가 완성되지 않은 퍼즐과 같은 찝찝함을 느끼게 된다. 운동이 습관이 되었기 때문이다.

운동이 습관으로 자리 잡으면서 생기는 또 다른 놀라운 점은 실력도 늘게 된다는 것이다. 좀 더 건강한 하루하루를 보내게 될 것이고 공부하는 학생은 체력도 늘고 성적도 반드시 좋아진다. 직장인은 같은 시간을 회사에서 보내도 더 많은 일을 처리할 수 있게 능률이 오르고 스트레스를 덜 받아 회사생활이 더 만족스러워질 것이다.

이에 대한 과학적 근거는 충분히 이야기했고 또 많은 사례들이 있으니 의심하지 말자. 중요한 것은 바로 의지다. 얼마큼 운동을 꾸준히 하느냐, 운동을 인생의 습관으로 만들 수 있느냐에 따라 실력도 정해진다. 운동을 해야겠다는 생각이 든다면 새해나 계절이 바뀌는 때를 기다리지 말고 오늘 당장 시작해보자. 핑계는 끝이 없다. 운동으로 꾸준히 체력이 쌓이듯 실력도 꾸준히 늘어갈 것이다.

딱
한 개만 하면
된다

그냥 좋아서
운동을 한다

운동이 건강에 좋다는 사실을 부정하는 사람은 거의 없을 것이다. 모두가 운동은 좋은 것이라고 생각한다. 그래서인지 매년 초만 되면 스포츠센터에 신규 회원으로 넘쳐난다. 새해가 되었으니 올해는 운동을 해보겠다는 다짐을 하며 등록을 한다. 하지만 한 달, 두 달 시간이 지날수록 사람들은 점점 줄어든다. 일이 바빠서, 재미가 없어서 혹은 내일부터 하겠다는 핑계를 대며 초심을 까맣게 잊어버린다.

취업포탈 잡코리아가 직장인 758명을 대상으로 직장인 운동 상태에 관한 조사를 실시했다. 85.6퍼센트가 평소 운동 부족이라 생각한다고 답했고, 41.4퍼센트는 전혀 운동을 하지 않는다고 답했다. 운동을 하지 못하는 이유에 대해서는 70퍼센트가 업무가 과중해서 혹은 게을러서 그렇다고 대답했다. 이를 보면 운동을 습관으로 만들기가 참 어려워 보인다.

반면 운동을 습관으로 가지고 있는 사람들은 어떨까? 운동이 습관이 된 사람들은 앞서 이야기한 조사결과와는 조금 다르다. 새해가되었다고 굳은 마음을 먹고 스포츠센터에 등록하지도 않고, 바쁘다는 핑계도, 내일부터 하겠다는 핑계도 대지 않는다. 그들은 그냥 운동을 한다. 운동을 억지로 하려고 하는 게 아니라 이미 그들 삶의 한부분이며 습관으로 자리 잡았기 때문이다.

그럼 운동을 어떻게 습관으로 만들 수 있을까? 첫 번째, 자신이 좋아할 수 있는 운동을 찾아야 한다. 운동을 원래 좋아하는 사람이라면 습관으로 만들어야 한다는 생각 자체가 없다. 그냥 좋아하니까 한다. 운동을 습관으로 만들고 싶은 사람이라면 이와 반대로 먼저 좋아할 수 있는 운동을 찾아야 한다. 좋아하는 운동을 찾을 때까지 이런저런 여러 가지 운동을 시도해보아야 한다. 자신이 하고 싶고 좋아할 것 같았던 운동도 막상 실제로 해보면 그렇지 않을 수 있다. 반대로 전혀 생각지도 않던 운동인데 한번 해보니 자신과 잘 맞고 재미있을 수도 있다. 그렇기 때문에 직접 시도해보는 것이 중요하다.

나에게는 실내클라이밍이 너무 하고 싶은 운동이었지만 막상 해보니 잘 맞지 않았다. 실내에서 벽에 박혀 있는 홀더를 잡고 이동하며 클라이밍 기술을 익히고 야외에 있는 15미터 인공암벽에 줄을 매달고 올라가기도 했다. 하면 할수록 실력도 늘고 같이 배우는 사람들과도 친해졌다. 하지만 이상하게도 땀이 전혀 나지 않았다. 벽에 있는 홀더를 잡고 암벽등반을 할수록 손의 악력과 팔, 어깨 같은 부분의 근력은 눈에 띄게 늘었다. 그런데 항상 땀이 거의 나지 않아 무언가 답답했다. 운동을 마치고 난 후에 손과 팔의 뻐근한 통증 말고는 별다른 개운함을 맛보지 못했다. 결국 그렇게 3개월 정도 하다가 그만두었다.

반면에 회사 근처 스포츠센터에서 배우기 시작한 스쿼시는 내가 너무나도 좋아하는 운동이 되었다. 호두크기만 한 까만 공을 힘껏 후려치면 경쾌한 소리를 내며 앞쪽 벽을 맞고 튀어나온다. 그 공을 쉴 새 없이 계속 받아치며 강습을 받고 같이 배우는 사람들과 함께 시합을 한다. 공이 벽에 맞아 경쾌한 소리를 낼 때마다, 그리고 공을 받기 위해 한시도 눈을 뗄 틈도 없이 몸을 이러 저리 움직일 때마다 내 몸은 아드레날린으로 가득 차는 것만 같다. 그렇게 한 시간 강습을 마치고 나면 온몸에 땀이 비 오듯 흘렀고 하루 동안 쌓였던 스트레스를 모두 날려 보낼 수 있었다. 운동을 마치고 집에 가는 발걸음은 항상 즐겁고 상쾌했다. 그렇게 스쿼시는 내가 제일 좋아하는 운동이 되었다.

운동을 습관으로
만드는 방법

스쿼시는 내 맘에 쏙 들었기 때문에 따로 습관을 만들어야 한다는 생각조차 없었다. 퇴근시간이 다가오면 오늘은 가서 또 어떤 기술을 배울지, 누구와 시합을 어떻게 할지 항상 설레었다. 혹시나 강습이 있는 날 회식이 잡히면 거짓말을 하고 운동을 가거나 회식 도중에 빠져나가기도 했다. 그만큼 좋아했고 그래서 별 어려움 없이 습관이 되었다.

이렇게 좋아하는 운동을 찾기 위해서는 무조건 직접 해보아야 한다. 매번 배우기가 어렵다면 최소한 하루 정도 체험이라도 해보자. '프립'이라는 앱을 사용하면 도움을 받을 수 있다. 달리기부터 스쿼시, 배드민턴, 탁구, 클라이밍, 서핑까지 여러 운동과 이색 액티비티를 체험해볼 수 있는 수많은 모임들이 활성화되어 있다.

두 번째로 운동을 습관으로 만들기 위해서는 혼자 하기보다 함께 해야 한다. 빨리 가려면 혼자 가고 멀리 가려면 함께 가라는 말이 있듯이 운동을 습관으로 만들기 위해서도 혼자보다는 함께 하는 것이 더 좋다. 친구나 직장동료와 함께 운동을 하면 가기 싫은 날도 함께 하는 사람 때문에 갈 확률이 더 높아진다. 처음 운동을 배울 때 서먹서먹한 분위기도 어렵지 않게 넘길 수 있다.

운동을 함께 하는 사람을 친구로 만드는 방법도 좋다. 같은 운동을 하고 있다는 것만으로도 공감대는 충분하기 때문에 친해지기도 쉽다. 빨리 친해질수록 운동에 재미도 더 붙는다. 배드민턴이나 테니스, 스쿼시, 클라이밍 등 많은 운동이 2인 이상 같이 하게 되어 있기 때문에 빨리 친해지는 것이 운동을 더 재미있게, 열심히 할 수 있는 방법이다. 혹시나 운동을 하면서 평생의 반쪽을 만나게 될지는 아무도 모르는 일이다.

운동을 습관으로 만들기 위한 세 번째 방법은, 무조건 하는 것이다. 인간의 의지는 생각보다 나약하다. 매번 운동을 해야 하는 이유는 얼마 안 되지만 운동을 못 하는 이유는 수백 가지나 된다. 운동을 해야겠다는 생각이 들면 무조건 발걸음을 운동하는 곳으로 옮겨라. 운동하는 장소를 직장이나 집으로 가는 동선 안에 포함시키면 운동을 더 꾸준히 하는 데에 도움이 된다. 운동을 너무나 하기 싫은 날에는 출석 체크만 하고 가도 좋다. 물론 출석 체크 하러 간 사람이라면 십중팔구 운동을 하게 될 것이다.

네 번째 방법으로는 우선 작은 운동부터 습관으로 만드는 것이다. 『습관의 재발견』의 저자 스티븐 기즈는 작은 습관부터 만들어야 한다고 말한다. 그의 블로그에서 가장 조회수가 높은 글은 '팔굽혀펴기 1회의 도전'이라는 글이다. 내용은 간단하다. 매일 30분 혹은 한 시간 정도 운동을 하겠다는 거창한 목표 대신에 하루에 팔굽혀펴기 딱 한 개만 하겠다는 아주 작은 규칙을 지키기로 한 것이다. 이 방법의 장점은 거부감이 아주 적고 많은 의지력을 필요로 하지 않는다는 것이다. 하루에 팔굽혀펴기 한 개조차 못할 사람은 아무도 없을 것이다. 그만큼 사소해 보이는 규칙이다. 하지만 실제로 하루에 한 개 팔굽혀펴기를 실행하고 난 그의 말은 귀 기울일 만하다.

"첫째, 하루에 팔굽혀펴기 겨우 몇 번을 하는 것만으로도 기분이 완전히 달라졌다. 더 건강해지고 근육이 훨씬 잘 잡힌 느낌이 들었다. 둘째, 운동이 습관이 될 수 있다는 사실을 깨달았다. 그렇게 약해빠진 목표라 할지라도 나는 매일 운동을 하고 있는 게 아닌가. 규칙적인 운동이 점점 더 쉬워지고 있다."

운동시간을 정말 만들기 어렵거나 스포츠센터에 직접 가기가 어려운 사람들은 스티븐 기즈의 아이디어를 참고해 실천해볼 만하다. 그처럼 하루에 한 개 팔굽혀펴기나 자기 전에 윗몸일으키기 하나, 혹은 아침에 일어나자마자 스트레칭 10초와 같은 아주 간단한 목표를 설정하는 것이다. 나도 그의 아이디어에 감명을 받아 방문턱에 철봉을 설치하고 하루에 턱걸이 한 개만 하자는 목표를 세웠다. 아침이든 저녁이든 하고픈 마음이 내킬 때 턱걸이 하나를 하자는 것이다. 실제로 하나만 하려고 매달렸는데도 자연스레 몇 개 더 하게 되었고 의외로 얻게 되는 높은 성취감은 덤이었다. 그의 말처럼 이런 작은 도전의 성공 경험이 결국은 운동을 습관으로 자리 잡게 해준다는 것을 깨달았다.

런던 대학교 제인리들 연구팀의 연구결과에 따르면 인간이 특정 행동을 습관으로 익히는 데에 평균 66일이 걸린다고 한다. 그러므로 가장 중요한 것은 꾸준한 실천이다. 지금까지 이야기한 내용을

백 퍼센트 이해했다고 해도 직접 실천하지 않으면 아무 소용이 없다. 최소한 두 달은 꾸준히 해야 어느 정도 습관이 되므로 일단 시작했으면 이를 악물고 두 달만 버텨보자. 두 달이 지나 석 달, 6개월, 1년이 되면 하루하루가 달라질 것이다.

"우리가 반복적으로 하는 행동이 바로 우리가 누구인지 말해준다. 그러므로 중요한 것은 행위가 아니라 습관이다"라고 말한 아리스토텔레스의 말처럼, 운동을 습관으로 만들고 싶다면, 지금 당장 팔굽혀펴기 딱 한 개만 해보자. 그것이 작지만 위대한 시작이 될 것이다.

가장 쉬운
몰입의
방법

몰입의
생활화

　　'몰입'이란 어떤 상황이나 활동에 완전히 빠져들어 집중하고 있는 상태를 말한다. 이 개념을 소개한 헝가리 심리학자 미하이 칙센트미하이는 몰입했을 때의 느낌을 '플로우(Flow)'라고 말한다. 물이 흐르는 상태, 마치 하늘을 나는 것과 같은 느낌. 플로우를 느끼는 사람은 시간의 개념도 없어지고, 그 일 혹은 그 행위와 완전히 하나되어 피곤함도 배고픔도 느끼지 못하며 완전히 빠져든다. 이렇게 몰입했을 때, 플로우를 타고 있을 때, 인간은 행복하다고 그는 말한다.

　　이는 동양에서 말하는 '무아지경(無我之境)'과 같다. 마음이 어느 한 곳에 쏠려 자신의 존재를 잊어버리는 경지다. 즉 플로우를 느끼는 것이다. 음악을 미친 듯 연주하거나, 무대에서 노래나 춤으로 공연을 펼치거나, 무언가 발견하기 위해 밤낮으로 연구에 몰두하고, 경기에 이기기 위해 온몸이 부셔져라 뛰는 사람들에게서 플로우를 볼수 있다. 그들이 플로우를 느끼고 난 후에 행복하다는 것은 그들의 표정만으로도 알 수 있다. 인생의 진정한 정수를 맛본 것처럼 개운하고 시원한 얼굴, 순수한 아이의 웃음을 띠고 있기 때문이다.

　나는 늘 그런 사람들을 동경했다. 자신만의 플로우가 있고 그 플로우를 느끼며 사는 사람들. 하지만 모두가 그러하듯이 일상을 살아가며 이런 플로우를 느끼는 것이, 어떤 일에 진정으로 몰입하는 것이 쉬운 일은 아니다. 스마트폰과 TV, 여기저기 들려오는 세상 시끄러운 소식들, 어제에 대한 후회, 내일에 대한 걱정과 같은 무수한 잡념들이 우리를 괴롭히기 때문이다.

　결국은 이런 잡념들을 버릴 때, 그리하여 어떤 하나에 온몸과 마음을 집중할 때 우리는 진정으로 행복해지는 것인지도 모른다. 위대한 발견을 했던 역사적 인물들은 예외 없이 이런 몰입을 생활화한 사람들이다. 출근과 퇴근처럼 시간을 정해 생각했던 것이 아니다. 하루 종일, 낮에도 밤에도, 잠을 잘 때도 오로지 하나의 생각으로 가득차 있었던 것이다. 그들은 행복했음에 틀림없다. 그런 행복한 몰입의 끝에 위대한 업적을 남긴 것이다.

　평범한 하루를 살아가는 우리들은 언제 어떻게 몰입을 느껴야 할까? 어디서 몰입을 경험하고 훈련해야 할까? 나는 가장 쉽게 몰입을 경험할 수 있는 방법이 바로 운동이라고 생각한다. 운동을 하면 몰입을 쉽게 경험할 수 있다. 운동을 하는 동안은 플로우를 느낄 수 있는 것이다.

나는 스쿼시를 하는 동안 플로우를 느낀다. 특히 상대와 경기를 할 때는 더욱더 강하게 몰입을 하곤 한다. 그때 내 머릿속에 가득 차 있는 생각은 오로지 스쿼시뿐이다. 이 공을 어떻게 어디로 보내야 할지, 상대편이 친 공이 어느 쪽으로 올지, 어떻게 공을 받아쳐야 상대방이 어려워 할지, 내 머릿속은 온통 스쿼시로 가득 찬다. 오늘 있었던 일들, 내일 처리해야 할 업무들, 혹은 개인적인 고민들, 그 모든 것들을 잊어버리고 오직 스쿼시 하나에만 온몸과 마음이 집중되어 있는 것이다. 즉, 무아지경의 상태에서 나는 운동을 한다. 앞서 말했듯이 이렇게 몰입할 때 어김없이 행복함을 느낀다.

운동을 통한 몰입이 나만 가능한 것은 아니다. 운동을 하는 사람들은 누구나 몰입을 경험한다. 내가 하는 스쿼시는 물론이고 축구, 농구, 배구, 댄스, 웨이트트레이닝, 수영, 마라톤 등 모든 운동에서 몰입을 경험할 수 있다. 운동을 하는 동안에 그 동작 하나하나를 하려면 그것에 온 신경을 집중할 수밖에 없기 때문이다. 그것이 시합 중이라면 더욱더 그렇다.

매일
몰입을 경험한다

그러면 등산은 어떨까? 친목 도모
겸 자연을 감상하러 흔히들 삼삼오오 모여 등산을 가는데 그때도
몰입을 느낄 수 있을까? 거리의 철학가 강신주 박사의 말에 의하면
등산은 생각을 비우러 가는 것이라고 한다. 그렇기 때문에 등산은
원래 철저히 혼자 가야 한다고 말한다. 가파른 산을 숨이 넘어갈 듯
헐떡이며 산을 오르는 것이 그의 등산 방법이다. 그렇게 하면 생각
을 비울 수 있다는 것이다. 결국 혼자 등산을 하면 몰입을 경험할 수
있다는 말과 같다.

그의 말을 듣고 난 후 나는 정말 그러한지 혼자 등산을 하러 제주
도로 갔다. 이미 몇 번 올라본 한라산이었지만 생각을 비우는 몰입
을 느끼기 위해 혼자 산에 올랐다. 처음에는 아름다운 자연을 감상
하며 늘 그러했듯 여유롭게 시작했다. 시간이 조금 지나자 숨이 가
빠왔고 더욱더 박차를 가했다. 이윽고 그가 말했던 숨을 헐떡이는
상태가 되었을 때 내 머릿속은 온통 한 가지 생각으로 가득 찼다. 다
음에 어디를 밟고 올라갈 것인가. 시선은 바닥에 고정되어 내가 밟
고 올라갈 돌 하나하나에 집중했다. 오직 그 생각뿐이었다. 숨을 헐
떡이며 거의 쉬지 않고 정상까지 올라가 간단한 식사를 하고 다시
내려왔다. 평소에 왕복 8시간 걸리던 코스를 5시간 30분 만에 끝내
고 난 후였다. 그렇게 등산을 마치고 나서야 강신주 박사의 말을 이

해할 수 있었다.

결국 몰입은 잡념을 비우고 하나의 생각에 몰두하는 것이다. 몰입의 대가인 발명왕 에디슨은 청력을 잃고도 그것이 축복이라 말했다. 청력을 잃었기에 세상 시끄러운 소리에 귀를 닫고 오로지 발명에만 몰입하기 더 좋아졌기 때문이다. 그는 외부의 소리 대신 내면의 소리를 들으며 항상 몰입했고 그 결과 수많은 위대한 업적을 남겼다.

우리는 청력까지는 잃지 않더라도 운동을 하면서 그런 몰입을 경험할 수 있다. 그때 우리가 경험하는 몰입이 잡념을 비운다는 것을 고려하면 눈을 감고 호흡에만 집중하여 다른 생각을 떨쳐버리는 호흡명상과도 같다. 성공했다고 말하는 이 시대의 많은 위대한 인물들은 운동과 명상을 즐겨 한다. 그만큼 생각을 비우고 하나에 집중할 수 있는 몰입의 힘을 키우는 것은 성공의 전제조건인지도 모른다.

『마음을 비우면 얻어지는 것들』의 저자 김상운은 생각을 비우면 놀라운 경험을 하게 된다며 다음과 같이 말했다.

"모든 생각을 텅 비운 채 일과 하나가 되면 그 일에 관한 모든 정보가 훤히 보인다. 그래서 남들이 보지 못하는 것을 보게 되고, 남들이 생각하지 못하는 걸 생각해내게 된다."

생각을 텅 비운다는 것이, 그리고 단 하나에 몰입하는 것이 우리를 남들과 다르게 만들어준다. 어려운 문제도 풀게 만들어주며, 알 수 없는 곳으로부터 영감을 받아 새로운 것을 만들어내거나 새로운 아이디어를 얻게 해준다. 그 과정에서 만족감과 행복감은 자연스럽게 생겨난다. 만약 이런 몰입을 생활화할 수 있다면 업무 성과도 좋아지고 삶에 대한 만족도도 높아지며 매일매일 활기로 가득 차 우리의 삶은 크게 변화할 것이다.

무기력, 주의산만, 짜증을 느낀다면 이는 뇌가 지쳤다는 신호이다. 그럴 때는 생각을 비워 뇌를 쉬게 해주어야 한다. 바로 몰입이 필요하다는 신호다. 몰입은 운동을 통해서 가능하다. 결국 운동을 습관화한다는 것은 매일매일 몰입을 경험하는 것과 같다. 굳이 가부좌를 틀고 명상을 하지 않아도, 몰입을 하기 위해 억지로 노력하지 않아도 운동을 하게 되면 자연스럽게 매번 몰입을 경험하고 훈련하게 된다. 몰입을 생활화할 수만 있다면 당신의 하루는 반드시 바뀔 것이다.

9. 글쓰기

쓰기만 하면
이루어지는 마법

당신만
모르는
글쓰기의 힘

생각이
글이 될 때

　　　　　　　　　대부분의 사람들은 글쓰기를 어려워
한다. 어떤 주제에 대해 글로 써보라고 하면 다들 멍해진다. 컴퓨터
자판 앞에 손만 올리고는 무엇을 어떻게 시작해야 할지 몰라 불안
해한다. 그러나 사실 우리 모두는 어렸을 때부터 글쓰기를 계속 해
오고 있다. 수업시간의 노트 필기, 반성문, 편지, SNS에 올리는 글,
블로그, 이력서, 업무보고서 등 글쓰기는 모든 이의 삶에 녹아 있다.
　글쓰기를 왜 어려워할까? 글쓰기에는 크게 두 가지가 있다. 수동
적인 글쓰기와 능동적인 글쓰기. 글쓰기가 어렵다고 생각하는 것은
우리가 평소에 주로 수동적인 글쓰기를 하기 때문이다. 수업 내용을
그대로 받아 적거나 특정 목적에 따라 갖추어진 틀에 맞춰 글을 쓰

는 것. 그래서 굳이 생각을 하지 않고도 무엇을 써야 하는지 분명한 글쓰기. 그것이 수동적 글쓰기이다.

반대로 능동적 글쓰기는 자신의 생각을 바탕으로 글을 쓰는 것이다. 누군가에게 보내는 편지나 책을 읽고 난 후에 쓰는 서평, 특정 주제에 대한 칼럼, 자신의 하루를 정리하는 일기 등과 같은 글쓰기를 말한다.

두 글쓰기의 가장 큰 차이점은 얼마큼 나의 생각과 가치를 반영한 글이냐이다. '글을 쓴다'고 했을 때는 일반적으로 능동적인 글쓰기를 말하며, 결국 글쓰기를 어려워한다는 것은 능동적인 글쓰기를 어려워한다는 것이다. 달리 말하면, 글을 쓰기 위한 자신의 생각과 가치관이 아직 제대로 무르익지 않았다는 것과 같다.

우리는 왜 글을 써야 할까? 요즘 같은 시대는 스마트폰 하나면 모든 기록을 할 수 있다. 사진을 찍고 동영상을 찍고 녹음을 할 수 있다. 그래도 글을 써야 하는 이유는 분명하다. 작가인 유시민은 그의 저서 『유시민의 글쓰기 특강』에서 다음과 같이 말한다.

> "문자로 쓰지 않은 것은 아직 자기의 사상이 아니다. 글로 쓰지 않으면 아직은 논리가 아니다. 글로 표현해야 비로소 자기의 사상과 논리가 된다."

머릿속으로 아무리 많은 생각을 해도 그것을 글로 적지 않으면 진

짜 자기 생각이 아니라는 말이다. 자신의 생각과 사상을 글로 쓸 때
비로소 그것이 진짜 자신의 생각과 사상이 된다. 즉, 글을 쓴다는 것
은 생각하는 힘을 기르고 훈련하는 것이다.

꾸준한 연습이
필요하다

　　　　　　　　　　나에게 글쓰기는 생각을 정리하고
발전시키는 최고의 도구이다. 그럴 때가 있다. 해야 할 일은 많은데
바쁜 일상 가운데 아무것도 하지 못하고 시간만 흘려보낼 때. 하고
싶은 것은 많은데 무엇을 먼저 해야 할지 모를 때. 습관처럼 쓸데없
는 것들에 시간을 낭비하며 스스로를 좀먹을 때. 그리고 진짜 나도
나를 잘 모를 때. 그럴 때면 나도 어김없이 좋아하는 펜을 들고 수첩
을 편다. 그리고 머릿속에 떠오르는 생각들을 하나하나 적어나간다.
그러면 신기하게도 생각들이 정리되기 시작한다.

　대게는 글로 옮길 필요조차 없는 가벼운 생각들은 사라진다. 복잡
했던 생각들은 종이에 글로 나타나며 제자리를 찾아간다. 무엇 때문
인지 몰랐던 고민의 이유들은 명확해지고 이내 그것이 그렇게 중요
한 것이 아니었음을 깨닫는다. 글로 마구 적어나가다 보면 머릿속의
복잡했던 생각들이 걸러지고 정제되어 가지런히 쌓인다. 막연히 불
안했던 마음은 안정을 찾는다. 이렇듯 글쓰기는 생각을 정리하고 불

안한 마음을 다스리는 최고의 도구다. 감정적으로 날뛰는 마음을 잘 다스려 이성적으로 만들고 유익하고 합리적인 생각으로 나를 이끈다.

> "잊지 않기 위해 메모하기보다는 잊기 위해 메모한다. 순간 떠오르는 느낌과 발상을 기억하기 위해 자기 지시를 내린다. 일상생활과 업무의 진행을 도와준다. 실적을 높이기 위해, 일 처리의 효율성을 위해, 능력을 향상시키기 위해, 새로운 일을 기획하기 위해, 비망록으로 사용하기 위해 메모를 한다."

『메모의 기술』의 저자 사카토 켄지가 글쓰기의 가장 간단한 형태인 메모를 하는 이유에 대해서 한 말이다. 그의 말처럼 메모를 하면 맘 놓고 잊어버려 머리를 비울 수 있다. 또한 순간순간 드는 생각과 발상을 기록함으로써 아이디어를 더 발전시킬 수 있다. 이렇게 가장 간단한 글쓰기인 메모만 실천해도 우리 삶에 실질적인 도움을 바로 받을 수 있다고 그는 말한다.

그 예로 학창시절 공부 잘하는 학생들의 특징 중 하나인 노트 필기가 있다. 수업 내용을 그대로 받아 적는 것이 아니라 수업 내용을 바탕으로 자신이 공부한 내용과 생각을 담아 자신만의 노트를 적는 것이다. 필기를 잘하는 친구의 노트를 빌려 그대로 베끼는 학생들도 있다. 하지만 직접 노트를 작성한 학생보다 성적이 잘 나오지 않는다. 자신의 생각이 담기지 않았기 때문이다.

직장에서도 글쓰기는 큰 힘을 발휘한다. 단적인 예로 일 잘하는 사람은 그 사람이 작성하는 메일만 보아도 알 수 있다. 전하고자 하는 바가 명확하며 내용이 간결하다. 반면에 업무력이 떨어지는 사람이 작성한 메일은 무엇을 전하고자 하는지가 뚜렷하지 않고 횡설수설하기 때문에 읽기조차 싫어진다. 하루에도 몇 번씩 작성하는 메일에서도 그렇게 차이가 나는데 상사에게 전달하는 보고서에서의 차이는 말할 필요도 없다. 직접 구두로 보고할 때에 차이가 나는 것도 당연한 것이다.

글쓰기가
인생을 바꿔준다

이 같은 점을 잘 알기에 글 쓰는 능력으로 직원을 선발하는 기업도 있다. 오토매틱이라는 미국의 글로벌 기업이다. 샌프란시스코에 회사의 건물이 있지만 가끔 협업의 장소로 사용할 뿐 본사의 개념도 없고 사무실도 따로 두지 않는다. 화상전화나 회의도 거의 없다. 근무하는 직원은 500명이 넘지만 전 세계 50개 국가에 흩어져 있다. 이렇게 전 세계에 흩어져 있는 인재를 채용할 수 있었던 이유는 직원을 채용할 때 오직 이메일을 통한 지원만 받기 때문이다. 어떻게 직접 보지 않고도 채용을 할 수 있을까? 그에 대해 CEO 매트 뮬렌웨그는 다음과 같이 말한다.

"이메일로 첨부된 서류, 양식, 글꼴, 서체, 복사 기능 사용 여부 등을 꼼꼼히 확인한다. 하지만 당락을 결정하는 가장 중요한 기본은 글을 명확하게 쓸 줄 아느냐다. 글의 명확성이 곧 사고의 명확성을 나타내는 지표라고 굳게 믿는다. 디지털 시대가 발전하면 할수록 글을 쓰는 사람이 기회를 얻게 될 것이다. 오늘날 큰 성공을 거두는 사람들 모두는 말하기와 글쓰기에 탁월한 실력을 갖추고 있음을 우리는 어렵잖게 발견한다." 실제로 매트는 모든 지원서를 본인이 챙기고 있으며 오탈자까지 꼼꼼히 확인한다고 한다.

디지털 시대라지만 글쓰기는 오히려 더 중요해지고 있다. 글쓰기는 자신의 발전을 위해서도 필수이며 스스로의 능력을 내보일 수 있는 중요한 지표이기 때문이다. 그렇기 때문에 더 이상 글쓰기를 두려워하거나 어려워하며 피하지 말자.

머리가 복잡하거나 걱정과 불안이 당신을 휘감는다면 일단 펜을 들자. 정갈한 노트를 마련해 그곳에 자신의 생각을 적어보자. 악필을 걱정하지 말고 형식과 분량도 걱정 말자. 그저 머릿속에 떠오르는 대로 적기만 하면 된다.

고민하지 말고 무작정 써보자. 힘들고 스트레스 받고 머리가 복잡하다면 일단 적어보자. 글로 쓰면 생각이 정리됨은 물론이고 새로운 해결책을 찾기도 한다. 동시에 글쓰기는 생각의 힘을 강화시켜 스스로를 더 발전시킨다. 일기, 서평, 블로그를 1년간 꾸준히 할 수만 있다면 남과 다른 경쟁우위를 차지하는 습관이 된다. 이 습관은 당신의 하루를 바꾸어줄 것이다.

불안을 없애고 싶다면, 복잡한 세상에서 안정을 찾고 싶다면, 생각의 힘을 기르고 싶다면 무조건 글로 써라. 글쓰기는 하면 할수록 행복해지고 스스로를 발전시킬 수 있는 가장 기본이자 최고의 자기계발이다.

쓴 대로
이루어지는
기적 같은 경험

자신만의
드림리스트를 써보자

<딜버트(Dilbert)>라는 만화로 세계
적인 만화가가 된 스콧 애덤스(Scott Adam)는 한때 저임금을 받는 공
장 노동자였다. 그러나 그는 스스로를 비관하지 않고 자신의 사무실
책상 앞에 앉아 몇 번이고 낙서를 했다. "나는 신문에 만화를 연재
하는 유명한 만화가가 될 거야"라고 하루에 15번씩 썼다. 당시 그는
여러 신문사들로부터 연거푸 거절을 당했지만 포기하지 않고 계속
도전했다. 마침내 어느 한 신문사와 연재 계약을 맺었다. 이후 그는
"나는 세계 최고의 만화가가 되겠다"라고 하루에 15번씩 계속 써내
려갔다. 결국 <딜버트>는 전 세계적으로 2,000종의 신문에서 연재
되었다. '딜버트 존'이라는 웹사이트의 하루 평균 방문자 수도 10만

명을 넘었다. 현재는 딜버트 캐릭터로 장식된 수많은 기념품들도 볼 수 있고 딜버트를 주제로 한 TV쇼도 미국에서 방영되었다.

스콧 애덤스가 자신의 꿈을 이루기 위해 매일 피나게 노력했음은 당연하다. 노력 없이 이루어지는 성공은 없다. 하지만 그가 그렇게 엄청난 노력을 지속적으로 할 수 있었던 비결은 바로 끊임없이 써 내려갔던 다짐 때문이기도 하다. '나는 ~ 될 거야'라고 하루에 15번씩 써내려가며 스스로에게 지속적으로 동기부여를 했다. 그것이 포기하고 싶고 힘들 때에도 다시금 일어나 만화를 그릴 수 있게 했을 것이다. 그가 하루에 15번씩 적어내려갔던 것들은 사람들이 흔히 말하는 '드림리스트'와 같다. 다만 그의 드림리스트는 단 한 가지, 너무나도 이루고 싶었던 꿈에 집중한 것이다.

스콧 애덤스는 지금도 매일 자신의 목표를 써내려간다고 한다. 그에게는 그것이 반드시 이루어질 것이라는 강한 확신과 믿음이 있다. 보통 사람들이 '쓰는 대로 이루어진다'라는 말을 들으면 속으로 '그게 말이 되기나 해? 헛소리 하지 마'라고 생각하는 것과는 정반대로 말이다. 그렇게 부정적으로 생각하는 사람들에게 나는 반대로 묻고 싶다. '그렇다면 당신은 어떤 방법으로 자신의 꿈을 이루어나가고 있는가? 그냥 열심히만 해서 진짜 꿈을 이루었는가?' 만약 이 물음에 자신 있게 자신의 방법과 경험을 대답할 수 있는 사람이 있다면 찾아가 배우고 싶다.

사람들은 보이지 않는 것은 잘 믿지 않는다. 아니 믿지 못한다. 하지만 진짜 성공은 보이지 않는 것을 보고, 확신할 수 없는 것을 확신하며 꾸준히 그 방향으로 걸어가는 사람들에게 온다. 보이지도 않는 것을, 확신할 수 없는 것을 믿고 꾸준히 노력한다는 것은 굉장히 어렵다. 누구나 처음부터 그렇게 할 수 있는 것은 아니다. 그렇기에 이미 그런 확신을 가지고 있는 사람들의 책을 읽고 강연을 들으며 스스로의 확신도 다져가는 것이다.

그 과정에서 작지만 단 하나라도 스스로 경험해보면 일단 반은 성공한 것이다. 보이지 않는 것을 믿기는 어려우나 직접 자신이 경험한 것은 안 믿을 수가 없다. 이런 경험을 위해서는 자신만의 드림리스트를 작성하는 것이 반드시 필요하다. 아주 작고 소소한 것이라도 이루고 싶은 목표가 있으면 무조건 기한을 정해 적어야 한다. 자신의 성공에 대한 믿음은 이런 작지만 소소한 목표를 성취해나가면서 생기기 시작하기 때문이다.

글로 적어 다짐한 것이
이루어지다

나의 드림리스트에는 '스쿼시 배우기'라는 항목이 있었다. 학생 때부터 막연히 스쿼시를 배우고 싶었는데 그 당시에는 여건이 안 된다는 핑계에 꿈으로만 적어놓았던 것이다. 직장인이 된 첫 해에 나는 스쿼시장을 찾아가 등록했다. 그리고 스쿼시는 지금 내가 제일 좋아하는 운동이 되었다. 이와 비슷하게 '부모님 해외여행 보내드리기, 스쿠버다이빙 해보기, 2종 소형 면허 따기'와 같은 소소한 내 꿈들은 이미 한참 전에 모두 이루어졌다. 이렇게 작은 꿈을 이루어나가며 나의 확신을 다져나갔다. 리스트에 적혀 있는 꿈들의 오른편에 '완료'라고 적는 순간, 작지만 꿈이 이루어지는 짜릿함을 경험했다. 그렇게 성취감을 계속 쌓아갔다. 그러던 어느 날 꿈을 적는다는 것의 위대함에 소름이 돋았던 적이 있다.

대학생 때 블로거가 되어보겠다고 잠시 만지작거리다 그대로 둔 나의 미완성 블로그가 있다. 최근에 다시 시작해보겠다고 먼지 쌓인 나의 블로그에 들어가 예전에 썼던 글들을 보다가 흥미로운 제목이 보였다. '나는 이런 사람이 될 거야'라는 제목이었다. 그 안에는 내가 가고 싶은 회사 로고와 함께 첫 직장으로 그곳에 들어가겠다는 포부가 적혀 있었다. 놀랍게도 그 회사의 로고는 현재 내가 다니고 있는 회사의 로고였다. 내가 그런 글을 썼다는 사실조차 잊고 있었다. 그런데 그 글을 보니 그때의 나의 다짐과 미래를 상상하며 했던 확신들이 떠올랐다.

지난해에 이삿짐을 정리하면서도 비슷한 경험을 했다. 책들이 더이상 책꽂이에 정리되지 못하고 방에서 나뒹굴기 시작해 책장 정리를 했다. 쌓아놓은 책들 속에서 예전에 적어놓았던 초기 버전의 드림리스트를 발견했다. 죽 훑어보니 이미 이룬 것들이 몇몇 보였다. 그중에 내 허를 찌른 항목은 바로 '결혼' 항목이었다.

나는 2016년 초에 결혼을 다짐하기 전까지만 해도 빨라야 서른 중반을 지나서 결혼을 하려고 했다. 그런 생각은 서른이 될 때에도 마찬가지였다. 그런데 나의 리스트에는 '진심으로 잘 맞고 사랑하는 사람과 결혼하기'라고 적혀 있었고 기한은 2016년이었다. 내가 실제로 결혼한 연도와 정확히 일치했다. 막연한 나의 생각이나 주변 사람들의 말보다 스스로 정성껏 적어놓았던 나의 다짐대로 내 삶이 만들어져가고 있음에 소름이 돋았다.

나는 인생이란 결국 자신이 생각하는 대로 만들어져가며, 자신이 글로 적어 다짐하는 대로 이루어져간다는 것을 조금이나마 이해할 수 있었다. 이러한 인생의 비밀을 온몸으로 느낀 이후로 나는 더욱 더 목표를 글로 쓰는 것의 힘을 믿게 되었다. 쓴 대로 이루어지는 그날의 소름 돋는 경험은 아직까지도 잊을 수 없다.

이런 이야기를 하면 보통은 그냥 우연일 뿐이라고 쉽게 이야기한다. 그러나 그런 그들에게 내가 질문을 해보면 자신의 꿈도 모르는 사람들이 대부분이었다. 한 번도 생각해보고 적어본 적이 없기 때문이다. 그렇다면 내가 경험했던 것들, 그리고 명확히 글로 쓴 목표대로 이루어진다는 믿음은 정말 우연일까?

목표와 기한을
적어보자

경영의 아버지로 불리는 피터 드러커가 중학교를 졸업한 지 40년이 지나 동창회를 찾았다. 그런데 신기하게도 동창들 중에 같은 반에서 공부했던 친구들의 상당수가 의사, 변호사와 같은 고소득 전문직으로 일하며 비교적 여유 있고 행복한 삶을 살고 있음을 발견했다. 같은 시기에 공부했던 다른 반 동창생들과 비교하면 확실히 차이나 났다. 이유가 무엇일까 생각하던 그는 당시 그의 반을 지도한 담임교사가 원인임을 깨달았다. 피터 드러커의 담임교사는 항상 목표의 중요성을 강조하고 그것을 기록하여 간직할 것을 꾸준히 지도했다. 예를 들면, 나이 40에 무엇을 하며 어떻게 살 것인가와 같은 목표들을 생각하고 기록해 간직하도록 말이다.

이 이야기 외에도 수많은 성공한 사람들은 자신이 이루고 싶은 꿈을 구체적으로 명문화해서 남겨두라고 조언한다. 그들 역시 자신의 목표를 기반으로 인생의 방향을 잡고 항상 실천하는 삶을 살았다. 목표와 기한을 정하는 행위는 직장생활과 같은 일상에서도 큰 힘을 발휘한다. 조사 결과에 따르면 매일 업무 내용과 중요도, 기한을 정해놓고 일하는 사람들은 업무 효율도 높고 성과도 좋다고 한다. 반면에 아무런 목표나 기한도 없이 닥치는 대로 일하는 사람은 조그마한 일에도 금방 흔들리며 큰 스트레스를 받고 업무의 성과와 질도 떨어진다고 한다.

이처럼 매일 반복되는 하루도 목표와 기한을 정하는 것만으로 크게 변하는데 수십 년을 살아갈 우리의 인생은 말할 것도 없다. 그러므로 지금 당장 드림리스트를 만들고 그 리스트 중에서 가장 이루기 쉬운 항목 세 가지만 우선 실행해보자.

남들의 시선 때문에 못 입던 옷을 입고 거리를 활보하기, 하루 휴가 내고 바다를 보고 오기, 고급 레스토랑에서 근사한 저녁 먹기와 같은 작은 목표들이 있다면 당장에 실천하고 그 꿈을 이루자. 그리고 그 옆에 '완료'라고 쓰며 작은 성취감을 만끽하도록 하자. 그 작은 성취들이 쌓여 확신을 만들고 다음 꿈으로 이어진다. 그렇게 이어지는 꿈들을 하나하나 이루어가며 1년이 지난 뒤 드림리스트를 돌아보자. 믿기 힘들 만큼 많은 것들이 바뀌어 있을 것이다. 쓴 대로 이루어지는 기적을 당신도 경험해보기를 간절히 바란다.

마법의 주문
'트와이스(TWAIS)'

꿈을 이루는

마법 같은 방법

　　　　　1973년, 미국의 예일대 교수진이 재
미있는 조사를 했다. 20년 전 예일대를 졸업한 사람들이 지금 어디
서 무엇을 하고 있는지를 조사한 것이다. 그 결과, 졸업생들 중 3퍼
센트는 미국을 이끌어가는 국가 중책을 맡은 지도자가 되어 있었다.
10퍼센트는 시간적, 경제적 자유를 누리는 풍요로운 삶을 살고 있
었으며, 27퍼센트는 빈민이 되어 어려운 삶을 살아가고 있었다. 이
같은 차이에 의문을 느낀 교수진은 다시 분석을 시작했다.

　먼저, 재학시절 경제적인 환경 차이가 영향을 미친 것은 아닐까 하
는 가정으로, 부자 부모의 자녀들만 추려서 조사했다. 결과는 놀랍
게도 부자 부모의 자녀들 중 3퍼센트는 미국의 리더, 10퍼센트는 경

제적 자유를 누렸고, 동일하게 27퍼센트는 가난에 허덕이며 겨우 살고 있었다. 이번에는 반대로 가난한 부모의 자녀들에 대해서도 조사를 했지만 동일한 결과를 얻었다. 결국 환경적인 요인이 20년 후에 그런 차이를 가져온 것은 아니었다.

이번에는 졸업생들을 인터뷰했다. 그 결과 굉장히 흥미로운 사실이 밝혀졌다. 위에서 말한 미국의 지도자가 된 3퍼센트의 졸업생들은 재학시절부터 글로 쓴 아주 구체적인 자신의 비전을 가지고 있었다. 10퍼센트는 자신의 비전을 가지고는 있었지만 글로는 쓰지 않았으며, 나머지 27퍼센트 졸업생들은 재학시절 아무런 비전과 목표없이 학교를 다녔다고 말했다. 또한 더 놀라운 것은 27퍼센트 그룹보다 10퍼센트 그룹의 행복지수와 경제적 차이가 10배 정도 더 높았으며, 3퍼센트의 그룹은 10퍼센트의 그룹보다 행복지수와 경제적 차이가 수십 배, 수백 배 높았다는 것이다.

이 이야기를 통해 우리는 다시 한번 목표와 비전, 꿈을 글로 적는 행위가 가진 힘을 알 수 있다. 자신의 꿈을 글로 적어 가지고 있던 학생들이 20년이 지나서 다른 사람들보다 수십 배, 수백 배 행복한 삶을 살고 있다는 것은 당연한 결과라고 생각한다. 그만큼 글쓰기의 힘은 강하다.

그렇다면 글쓰기가 꿈을 이루는 데 결정적인 요인이 되는 이유가 궁금하지 않은가? 나는 너무 궁금했다. 그래서 직접 경험해보기로 했고, 앞선 이야기에서처럼 차곡차곡 나의 꿈들이 이루어지는 기적 같은 경험을 했다. 그렇게 작은 꿈들을 하나씩 이루어가면서 조금씩 그 비밀에 대해서 이해할 수 있었다.

꿈을 이루는 마법 같은 방법을 나만의 언어로 정리했는데, 나는 그 것을 트와이스(TWAIS)라고 부른다. 걸그룹 트와이스가 아니다. 내가 말하는 트와이스는 다음과 같다. Think(생각하고), Write(글로 쓰면), Act(행동으로 이어지고), Is(그것이 곧), Success(성공이다). 다시 한번 정리하자면 '생각하고 글로 쓰면 행동으로 이어지고, 그것이 곧 성공이다', 'Think, Write, Act Is Success'라는 나만의 마법 같은 주문이자 성공 공식이다. 하나씩 들여다보자.

원하는 삶이 있다면
트와이스하라!

먼저 Think. 목표나 꿈을 글로 쓰려면 가장 먼저 무엇을 해야 할까? 당연히 자신의 꿈이 무엇인지, 성취하고 싶은 삶의 모습은 무엇인지 '생각'부터 해야 한다. 모든 것의 출발은 바로 이 생각으로부터 시작된다. 자신의 과거, 현재, 미래까지 생각하며 어떤 삶을 살고 싶은지, 원하는 것은 무엇인지 진지하게 고민해야 한다. 의외로 많은 사람들이 자신의 꿈 혹은 원하는 삶에 대해 제대로 말하지 못한다. 자신이 원하는 삶을 타인에게서 찾거나 다른 사람의 꿈을 자신의 것인 양 착각하기도 한다. 그만큼 자신에 대해서 생각하는 시간이 많이 부족하다. 혹시나 당신도 자신의 꿈과 비전, 목표에 대해 쓰기 어렵다면 이렇게 생각을 시작해보자. 과거에 어떨 때 가장 행복했었는지, 남이 시키지 않아도 스스로 찾아서 공부하며 즐거웠던 것은 무엇인지, 어디서 무엇을 할 때 가장 즐거웠는지. 자신의 과거에서 행복했던 순간을 찾는 것에서부터 시작하면 좋다. 또 하나의 방법으로는 시간, 돈, 나이에 신경 쓰지 말고 자신이 원하는 이상적인 하루를 써보는 것이다. 이런 생각들을 할 때는 반드시 글로 적으며 해야 함을 잊지 말자.

두 번째, Write. 생각을 어느 정도 충분히 했고 그 깊이가 무르익었다면 그 과정에서 쓴 글들이 꽤 있을 것이다. 그것들을 다시 돌아보며 이제 드림리스트를 만들어야 한다. 생각을 제대로 했다면 30개 이상은 거뜬히 채울 수 있다. 목록을 적고 중요도를 따져보며 언제까지 이루고 싶은지 기간을 정하자. 자신의 드림리스트가 채워졌다면 책상 앞에 붙여놓아도 좋고 아끼는 다이어리에 끼워놓아 자주 들여다보자. 시간이 지나면 드림리스트에 적었던 항목을 바꾸고 싶거나 더 이상 원하는 꿈이 아닐 수도 있다. 그럴 때는 리스트를 수정하면 그만이다. 꿈은 언제든 바뀔 수 있다. 절대로 그 리스트에 적은 기한 때문에 스트레스는 받지 말자. 꿈에는 실패가 없다. 원하지 않으면 더 이상 꿈이 아니고 이루지 못했다면 아직 그 시기가 오지 않은 것뿐이다. 꿈은 이루어지라고 있는 것이기 때문이다.

세 번째, Act. 이 부분이 나에게는 가장 놀라운 지점이었다. 앞의 두 과정을 정성껏 한 사람이라면 반드시 꿈을 이룰 수 있는 선택의 순간이 온다. 이전에는 그 선택의 순간을 알아채지 못했더라도 이미 원하는 것들을 글로 적은 당신이라면, 그 선택의 순간을 반드시 알아볼 수 있다. 그럴 때 반드시 직감을 따르길 바란다. 생각하고 글로 적는 과정에서 당신은 자신도 모르게 자신의 무의식에 선포한 것과 다름없다. '나는 ○○○이 될 거야.' '나는 △△△을 할 거야'와 같이 적으며 스스로의 무의식에 각인시킨 것이다. 선택의 순간이 왔을 때, 이렇게 각인된 무의식은 직감으로 그 신호를 보낸다.

돈, 시간, 여건을 따지기 시작하면 그 직감은 점점 무뎌지고 결국 살던 대로 선택을 하게 된다. 나는 2종 소형면허에 도전할 때, 웬만한 중고차보다 비싼 수입오토바이를 덜컥 샀을 때 직감을 따랐다. 그 결과 2년간 아주 신나고 즐겁게 모터사이클 라이프를 즐겼다. 경기도에서 제주도까지 모터사이클을 타고 여행을 다녀왔다. '400CC 이상의 바이크를 사서 나만의 모터사이클 다이어리 여행하기'라는 꿈의 항목 옆에 '완료'라고 적을 수 있었다.

당시 모터사이클을 마이너스통장으로 살 때만 해도 주변에서 모두 말렸다. 오토바이는 위험하다, 돈도 없으면서 덜컥 빚내서 사면 어떡하냐, 결혼도 해야지, 돈 좀 모았다가 해 등 온갖 이런저런 우려와 걱정이 이어졌다. 하지만 나는 직감을 따랐다. 2년간 신나게 꿈을 즐기고 이루었으며 결혼 전에 상당히 좋은 값을 받고 중고로 팔아 마이너스통장을 다시 메웠다. 직감의 승리였다.

마지막으로, Success. 이렇게 생각하고, 쓰고, 직감을 따라 행동하면 곧 꿈이 이루어진다. 이 공식은 작은 부분에서부터 내 인생의 모든 부분에 어김없이 작용하는 마법주문이다. 연설문 작가인 로버트 오벤은 "꿈꾸는 자들은 자신이 향하는 그곳에 이미 다녀왔다"라고 말했다. 목표가 어딘지도 모르고 열심히 뛰는 사람과 이미 그 목표지점을 명확하게 보고, 느끼며 달리는 사람 중에 누가 먼저 그곳에 도착할지는 물어보지 않아도 뻔하다. 그렇기에 치열하게 생각하고, 정성껏 글로 쓰며, 직감을 따라 행동하기 바란다. 그것이 곧 성공이다. 이 마법주문은 당신을 꿈으로 가득 찬 사람으로 만들어줄 것이고 곧 꿈을 이루게 해줄 것이다.

원하는 삶이 있는가? 이루고 싶은 꿈이 있는가? 그렇다면 기억하자. 트와이스! 생각하고, 글로 쓰고, 행동하면, 그것이 곧 성공이다!

10. 행동

인생의 전환점에서
변화될 준비가 되었는가?

세렌디피티,
행동하는 자에게
주어지는 행운

운명은 받아들이는 것이 아니라
만들어나가는 것

'세렌디피티(Serendipity)'라는 말을 들어본 적 있는가? 위키피디아는 다음과 같이 정의한다. '완전한 우연으로부터 중대한 발견이나 발명이 이루어지는 것을 말하며, 특히 과학 연구 분야에서 실험 중에 실패해서 얻은 결과에서 중대한 발견 또는 발명을 하는 것을 말한다.'

내가 세렌디피티에 대해서 처음으로 알게 된 것은 발명 또는 발견이 아니라 영화를 통해서였다. 2002년에 국내 개봉한 영화 <세렌디피티>는 크리스마스 시즌의 뉴욕을 배경으로 펼쳐지는 어느 남녀의 운명 같은 만남을 그리고 있다. 크리스마스를 앞두고 백화점에서 하나 남은 장갑을 사기 위해 실랑이를 벌이던 남과 여는 왠지 모르게 서로에게 통하는 감정을 느낀다. 백화점을 나온 남자는 여자에게 이름과 연락처를 물어본다. 하지만 여자는 운명을 믿는 사람이다. 남자의 이름과 연락처가 적힌 지폐로 솜사탕을 사먹고, 자신의 이름과 연락처를 쓴 책은 헌책방에 팔아버린다. 운명이라면 지폐와 책이 상대방에서 도착하여 다시 만나게 될 것이라며 여자는 사라진다.

세월이 흘러 결혼식을 하루 앞둔 남자는 취재차 찾아간 곳에서 오래전 운명을 믿던 여자와 같은 이름을 가진 사람을 만난다. 미용실에서도 택시에서도 계속해서 여자의 이름을 들은 남자는 자신이 놓쳐버린 운명을 다시 잡아보기로 결심한다. 텔레파시가 통한 것일까. 여자도 남자를 찾기 시작한다. 여자는 돈만 보면 연락처가 적혔는지 뒷면을 확인하고, 남자는 책방 근처에만 가면 무조건 책을 찾아본다. 그렇게 영화는 서로를 찾아나서는 두 사람을 계속 보여준다. 아쉽게도 조금씩 엇갈리는 두 사람. 마침내 두 사람은 다시 만나고 영화는 해피엔딩으로 끝난다.

두 주인공이 서로를 찾기 위해 노력하는 과정과 마침내 서로 만나게 되는 결말을 보면서 나는 왜 이 영화의 제목이 <세렌디피티>인지 짐작할 수 있었다. 적어도 이 영화에서 '세렌디피티'란 그저 운명을 받아들이거나 우연히 일어난 일이라기보다 스스로 노력해 운명조차 만들어나가는 것에 가깝다. 세렌디피티란 '노력하고 행동하는 자에게 다가오는 행운'인 것이다.

나도 어느 정도 운명을 믿는 편이다. 타로카드로 점을 치고 사주를 보기도 한다. 동시에 나는 운명이란 노력에 따라 바꾸어나갈 수 있다고도 생각한다. 운명은 그저 수동적으로 받아들이는 것이 아니라 적극적으로 만들어나가는 것이다. 이는 인생에 있어 누구에게나 한 번쯤은 찾아오게 될 황금 같은 기회를 잡는 것과 같다. 그 기회를 알아보고 잡을 수 있는가에 따라 그 사람의 운명이 바뀌고 그 기회가 인생의 전환점이 되기도 한다.

우연이면서 필연이었던
위대한 발견

간혹 어떤 사람들은 자신에게는 기회조차 주어지지 않는다며 자책하고 실망하고 좌절한다. 그들의 눈에 다른 사람들은 가만히 있어도 황금 같은 기회가 굴러 떨어진다. 가만히 있어도 승승장구 날개를 달고 잘 날아가는 것처럼 보인다. 물론 이른바 금수저라 불리는 소수의 사람들은 그럴 수 있다. 하지만 대부분의 성공한 사람들은 그저 가만히 굴러들어온 기회를 잡은 것이 아니다. 당신에게도 있었을, 하지만 모르고 지나쳤을지도 모르는 그 기회를 그들은 잡은 것이다. 그렇게 자신의 것으로 만든 기회들이 하나둘 쌓여 성공이라는 모습으로 나타난 것이다.

그렇다면 기회를 잡는 사람들과 기회를 보지도 잡지도 못하는 사람들의 차이점은 무엇일까? 다름 아닌 노력과 행동이다. 세렌디피티가 행동하는 자에게 주어지는 행운이듯, 노력하고 준비하는 자에게는 반드시 기회가 찾아온다. 그 기회를 볼 수 있는 눈이 생기고 자신의 것으로 만들 수 있다. 나아가 그 기회를 스스로 만들어 인생의 전환점으로 삼는 사람들도 있다.

나에게도 인생의 전환점이 여러 차례 있었다. 그중 하나는 지금 다니는 회사에 인턴으로 일할 기회를 잡았던 것이다. 인턴으로 들어간 자리는 경영지원 파트였다. 나는 공대생임에도 그 자리에 지원하고 뽑혔다. 어떻게 그럴 수 있었을까?

나는 대학에 입학하자마자 졸업하면 일단 회사에 취직해야겠다고 마음먹었다. 공학만 공부하기보다 경영학도 함께 공부하는 것이 엔지니어를 넘어서 더 멋진 커리어를 만드는 데 도움이 될 것이라고 생각했다. 그러한 생각은 3학년 때 경영학 복수전공을 하도록 나를 이끌었다. 또한 외국계기업에서 일하고 싶다는 소망을 위해 과감히 교환학생에 도전하기도 했다. 모든 노력들은 인턴과 정직원에 지원할 때 폭넓은 선택을 가능하게 해주었고 결국 행운으로 이어졌다.

독일에서 공부하고, 지금 회사에 대해 알게 되고, 인턴에 지원한 것 모두가 교환학생을 마치고 돌아오기 직전에 이루어졌다. 내가 만약 복수전공을 하지 않았다면, 독일로 교환학생을 가지 않았다면 아마 지금쯤 다른 회사에서 다른 일을 하고 있을 것이다. 인생은 예측할 수 없기에 어떤 것이 더 좋다 나쁘다 말할 수는 없다. 하지만 분명한 것은 인생의 전환점을 앞두고 준비하고 노력한 나의 행동들이 결국 지금의 나를 만들었다는 것이다.

루이 파스퇴르는 꾸준한 노력 끝에 위대한 발견을 이루어낸 대표적 인물이다. 당시 파스퇴르가 연구하던 병은 닭 콜레라였다. 농가 마당의 오염된 모이나 배설물을 통해 사흘 만에 가금류를 죽게 만드는 아주 무서운 전염병이다. 한번은 파스퇴르가 닭에게 실험할 목적으로 만들어놓은 콜레라 배양액을 조수에게 맡기고 휴가를 다녀왔다. 조수 또한 콜레라 배양액을 그대로 놔둔 채 휴가를 떠나버렸다. 그리고 한 달쯤 잊고 지내다가 파스퇴르는 선반 위에 있던 오래 묵은 콜레라균을 닭에게 주입했다. 이전 실험에서 콜레라 배양액을 주입한 닭들은 모두 48시간 내에 죽고 말았었다. 그런데 이번 실험에서는 닭이 죽기는커녕 심지어 병에 걸리지도 않았다. 그래서 다시 새로운 콜레라균을 만들어 새로운 닭과 지난 실험에서 병에 걸리지 않았던 닭에게 주입했다. 그러자 새로운 닭들은 모두 죽었지만 지난 실험에서 한 달간 묵은 콜레라균을 맞고 멀쩡했던 닭들은 새로운 콜레라균을 맞고도 여전히 건강했다. 역사상 가장 위대한 발견 중 하나인 백신의 발견이었다.

누가 변화의 기회를
잡을 수 있는가?

이러한 세렌디피티가 파스퇴르에게

만 있었던 것은 아니다. 레이시온 사의 퍼시 스펜서는 레이더 개발을 하다가 전자레인지를 발명했고, 루이지 갈바니는 정전기 실험을 하다가 근육신경을 움직이는 것이 전기신호임을 밝혀냈다. 현재 프라이팬 코팅으로 널리 알려진 테프론은 듀퐁 사에서 냉매를 개발하다 발견되었다. 이 외에도 꾸준한 연구 과정에서 이루어진 발견과 발명은 너무나도 많다.

자신이 하고자 하는 일이 분명하다면 이제는 그 일을 위해 실제로 행동하며 차곡차곡 경험을 쌓아야 한다. 꾸준히 걷다 보면 반드시 기회를 만날 수 있다. 자신이 무엇을 하고 싶은지, 어떤 일을 하고 싶은지 분명하지 않다 해도 준비되어야 하는 것은 마찬가지이다. 다양한 경험을 쌓고 여러 사람들을 만나 많은 이야기를 접하고 자신의 세계를 넓혀나가다 보면 자신을 끌어당기는 어떤 일, 직업이 생기기 마련이다. 그렇게 시작하면 된다.

매일 꿈을 위해 열심히 노력하는데도 아무런 성과가 없다고 낙담하지 말자. 꾸준히 행동하고 노력하면 반드시 기회가 찾아온다. 그 기회가 모든 것을 바꿀 것이다. 파스퇴르는 "우연은 준비된 자에게만 미소 짓는다"라고 말했다. 기회는 없는 것이 아니라 행동하지 않기 때문에 보지 못하는 것이다. 누구에게나 기회는 반드시 온다. 우리가 매일 해야 하는 일은 그 기회를 알아차리고 잡을 수 있도록 실력을 키우고 실제로 행동하는 것이다.

인생이란
한 번도 안 가본 길을
가는 것과 같다

삶의 전환점을
대하는 자세

40년 넘게 하버드 경영대학원에서 교수로 재직한 하워드 스티븐슨(Howard H. Stevenson)은 미국 경영학계의 살아있는 전설이자 최고의 교수로 평가받는 인물이다. 사업적 탁월성, 예리한 통찰력, 에너지 가득한 정신력을 지닌 그에게 세계적인 경영 리더들은 가르침을 받고 상담을 한다. 그리고 따뜻한 친구이자 너그러운 멘토로서 인생의 전환점을 맞은 많은 이들이 그에게 의지한다.

이런 그가 어느 날 교정에서 심장마비로 쓰러했다. 다행히 행인의 응급조치 덕분에 목숨을 건진 하워드는 남은 인생을 선물로 받아들이며 살기로 했다. 그를 인생의 멘토이자 또 다른 아버지로 여기는 에릭 시노웨이는 이를 계기로 하워드와 나누었던 대화를 정리해 책으로 출간했다. 『하워드의 선물』이라는 책이다. 책에는 인생의 전환점을 맞이한 사람은 물론이고 인생을 진지하게 고민하며 살아가려는 사람에게 유익한 이야기들로 가득 차 있다.

이 책을 읽으면서 나는 삶의 전환점과 기회가 특별한 사람들에게만 오는 것은 아니라는 점을 깨달았다. 인생을 열심히 살아가는 누구에게나 기회는 찾아오고 전환점은 항상 있다. 다만 그것을 제대로 알아보고 적극적으로 노력해 내 것으로 만들 수 있느냐 없느냐의 차이다. 바로 그러한 전환점을 알아보고 또 그것을 발판삼아 다음 단계로 나아가는 데 필요한 조언들을 이 책은 담고 있다.

우리의 일상으로 돌아와 생각해보자. 지금 이 책을 읽고 있는 당신은 아마도 평범한 하루를 착실히 살아가는 그 누군가일 것이다. 이루고 싶은 꿈이 있고, 성취하고 싶은 행복들이 있으며, 지키고자 하는 작은 보물을 가진 사람. 나 또한 그런 평범한 사람들 중 하나이다. 그런데 어느 날 문득 삶을 돌아보면 깜짝 놀라곤 한다. '언제 이렇게 시간이 지났을까, 벌써 이렇게 되어버렸군' 하며 추억 속에 파묻혀 자신의 꿈과 행복들을 회상한다.

하워드는 전환점에 대해서 다음과 같이 말한다.

"인생이란 누구에게나 처음이기 때문에 한 번도 안 가본 길을 가는 것과 같아. 그럼 어떻게 해야 원하는 목적지까지 갈 수 있을까? 다행히 세상은 구석구석에 전환점이라는 의미 있는 지표들을 숨겨놨어. 다만 사람들이 그걸 못 보고 지나쳐서 문제지. 심지어 자신이 전환점에 서 있었다는 사실 조차 알아채지 못해."

그의 말처럼 우리의 일상에서 삶의 전환점이라는 지표는 끊임없이 나타난다. 하지만 그 지표를 알아차리지 못할뿐더러 전환점 위에 놓여 있어도 그것이 전환점인지 인식조차 못 한다는 것이다. 그렇기에 대부분의 사람들이 그저 관성대로 살아가는 것인지도 모른다.

계속 하던 것만 하면
기회를 잡을 수 없어

영화 <마션>을 보면 위기를 전환점 삼아 다시 새로운 기회로 만드는 장면이 나온다. 화성에서의 임무를 마치고 지구로 귀환 중이던 화성탐사팀은 주인공을 화성에 혼자 놔두고 오게 된 것을 알게 된다. 동료들은 다시 주인공을 구하러 화성으로 가야 할지, 아니면 원래 계획대로 지구에 착륙할지 고민한다. 다시 화성으로 갔다 오기에는 보급품과 연료가 부족하고 지구에서 구출선이 가기에는 너무 오랜 시간이 걸려 주인공이 혼자 살아남을 수 없는 상황이다. 이때 탐사팀은 지구와 화성의 궤도를 이용하기로 한다. 지구에 착륙하는 대신 지구중력을 이용하여 가속 후 화성으로 가서 탈출선을 타고 나온 주인공을 태운 다음 다시 화성의 중력을 이용, 가속하여 지구로 돌아오는 계획이다. 자칫 하나라도 잘못되면 모두 죽을 수 있는 절망적인 상황을 지구와 화성의 중력을 이용해 해결해나가는 장면이 인상 깊다.

바로 이 장면이 영화 속 주인공들에게는 최고의 극적인 전환점이라는 생각이 들었다. 중력 때문에 많은 제약이 걸려 있고 자칫 잘못하면 모두가 죽을 수도 있는 절체절명의 상황이지만, 그것을 오히려 발판 삼아 원하는 목적을 이룬 것이다. 이는 우리의 삶과도 같다. 절체절명의 위기나 실패, 혹은 큰 변화라고 생각되지만 그것은 전환점의 또 다른 이름일지도 모른다. 누군가는 그 전환점을 알아보지도 못하고 그저 관성대로 흘러간다. 또 다른 누군가는 자신이 원하는 삶으로 나아가게 해주는 발판으로 삼는다. 그 차이는 바로 전환점을 대하는 자세에 있다.

전환점을 대하는 자세는 변화에 대처하는 태도와 같다. 변화를 대하는 태도에는 크게 두 가지로 수동적 태도와 능동적 태도가 있다. 수동적 태도를 지닌 사람은 변화의 순간에 아무런 판단을 내리지 않는다. 그것을 피하려 하지도 않고 그렇다고 그것을 기꺼이 받아들여 소화하려 하지도 않는다. 생각과 판단을 보류한 채 결정되는 대로, 혹은 제3자에 의해 강요되는 대로 몸을 맡길 뿐이다. 유일하게 그들이 하는 것이라곤 불평과 불만뿐이다.

이런 사람들을 직장생활을 하면서 많이 보았다. 자신이 하던 일 말고 새로운 일이 주어지거나, 부서 이동 혹은 근무지가 변한다는 것은 직장인에게 큰 변화이다. 그렇기 때문에 대부분의 직장인은 그 변화를 거부한다. 더 힘들어지고, 새로 배워야 할 것도 많고, 또 다시 적응해야 하기 때문이다. 그렇게 그들은 매순간마다 익숙함을 선택하고 또 다시 관성에 몸을 맡긴 채 조금씩 썩어갔다.

변화에 대해 능동적 태도를 갖춘 훌륭한 선배들도 많이 보았다. 그 중 어떤 차장님에게 들었던 이야기는 나 또한 수동적으로 익숙함만을 선택해왔다는 사실을 깨닫게 하기 충분했다. 우리 회사의 본사는 독일에 있다. 본사에서 엔지니어로서 일하는 기회를 가지는 것은 한국에 있는 많은 엔지니어들의 목표이다. 하지만 정작 새로운 프로젝트가 주어졌을 때 그 누구도 맡으려 하지 않았다. 지금 하고 있는 일에 추가로 업무를 떠안아야 했기 때문에 모두가 외면했지만 차장님은 달랐다. 나서서 그 업무를 맡았고 결국 독일로 1년간 파견을 다녀오는 기회를 잡게 되었다. 차장님이 다시 한국으로 복귀한 후 같이 저녁을 먹으며 이야기를 나눌 수 있는 기회가 있었다. 그때 나도 차장님처럼 독일로 가서 일해보고 싶다고 지나가는 말로 툭 던졌다. 그러자 돌아온 차장님의 말은 결코 가볍지 않았다.

"계속 하던 것만 하면 절대 그런 기회를 잡을 수 없어. 자꾸 새로운 것을 배우고 스스로 학습해나가야 그런 기회를 잡을 수 있는 거야. 그러니까 나중에 그런 기회가 오면 눈치 보지 말고 나서서 지원해봐. 일이 아무리 힘들어도 어떻게든 되게 되어 있어. 그러다 보면 나보다 더 좋은 기회를 잡을지도 몰라. 무조건 실제로 행동을 해야 뭐라도 할 수 있어"

새로운 프로젝트가 주어진 그 순간, 대부분은 변화를 거부했다. 지금 일이 바쁘다는 핑계, 자신의 역량이 안 된다는 이유 혹은 자신보다는 다른 사람에게 더 잘 맞는 것 같다는 온갖 변명을 만들기 바빴다. 나도 예외는 아니었다. 하지만 유일하게 능동적인 자세를 취한 차장님만이 새로운 전환점을 맞이한 것이다.

흐르지 않는 물은
썩기 마련

결국 내가 원하는 삶으로 가기 위해 곳곳에 숨겨진 전환점이라는 지표를 발견하는 방법은 자신에게 다가오는 기회들을 능동적으로 대하며 실제로 행동하는 것밖에 없다. 누군가가 초대한 모임, 새로운 업무, 새로운 수업, 입사, 퇴사와 같은 많은 변화들을 능동적으로 받아들여야 한다. 능동적으로 받아들인다는 것은 그 기회와 변화들을 내 것으로 인식하고 탐구하여 그 속에 숨겨진 가치를 찾는 것이다. 물론 모든 기회와 변화들이 나에게 이득이 되지 않을 수도 있다. 그럼에도 계속 능동적인 자세를 취해야 한다. 삶에서 다가오는 기회들을 능동적으로 대하다 보면 어떤 것이 내가 원하는 삶으로 가기 위해 숨겨진 지표인지 구별할 수 있는 능력을 키울 수 있기 때문이다.

새로운 모임에 초대받았으면 조금 귀찮더라도 참가해보자. 인생의 반쪽 혹은 스승을 만나게 될지도 모른다. 새로운 업무가 주어진다면 일단 의욕을 가지고 도전해보자. 자신도 몰랐던 재능을 발견하게 될지도 모른다. 원하는 목표나 꿈이 생겼으면 망설이지 말고 도전해보자. 그 작은 도전이 당신을 상상도 못한 길로 접어들게 만들어줄 수도 있다.

원하는 삶이 있고 목표가 있다면 인생에서 주어지는 기회와 순간들을 능동적으로 받아들이고 반드시 행동해야 함을 잊지 말자. 흐르지 않는 물이 썩어버리는 것처럼 변화 없는 사람도 썩는다. 살아가며 자신에게 다가오는 것들을 능동적으로 받아들이자. 능동적인 태도로 행동하는 사람은 인생이 숨겨놓은 지표를 찾을 수 있다. 그 지표들이 위대한 전환점이 되어 당신을 원하는 삶으로 이끌어줄 것이다.

아무것도 하지 않으면
아무것도
변하지 않는다

**모터사이클 다이어리를
꿈꾸며**

　　　　　　　사람이 바뀌기 위해서는 세 가지를
바꾸어야 한다. 시간을 달리 쓰거나, 만나는 사람을 바꾸거나, 장소
를 옮기는 것. 개인과 기업 불문하고 모두가 변화를 갈망하고 필요
로 한다. 변하지 않으면 썩기 때문이다.

　취업을 하고 직장생활에 취해 신나게 어른놀이를 하던 나에게도
변화가 필요한 시기가 있었다. 다만 그때는 나에게 변화가 필요하다
는 것조차 몰랐다. 혼자 자유롭게 살고, 적당히 돈도 벌며, 하고 싶
은 것을 하고 만나고 싶은 사람을 만나면서 나의 청춘을 즐기기에
바빴다. 그러던 어느 날 갑자기 공허감이 찾아들었다. 열정으로 가
득 찼던 직장생활도 어느새 틀에 박힌 듯한 일상으로 변했고, 즐기

기에 급급했던 나의 청춘이 너무나도 무료해졌다. 답답한 마음에 왜 그런지 고민했지만 그 답을 찾을 수가 없었다.

그러다 문득 머릿속 저편에 묻혀 있던, 마음을 울린 영화가 생각났다. 쿠바혁명을 이끈 체 게바라를 다룬 <모터사이클 다이어리>라는 영화이다. 영화는 의사를 꿈꿔 아르헨티나 부에노스아이레스 의대를 졸업한 에르네스토 라파엘 게바라 데 라 세르나(Ernesto Rafael Guevara de la Serna)가 그의 친구 알베르토와 모터사이클을 타고 남미 내륙을 여행하는 내용이다. 여행길에서 그는 빈부격차로 인해 절망하며 하루하루를 힘겹게 살아가는 피폐하고 암울한 남미의 진짜 현실을 마주하게 된다. 참혹한 현실에 좌절한 그는 의사 가운을 벗어던지고 마침내 혁명의 길로 들어선다. 위대한 혁명가 체 게바라의 탄생이다. 이 영화는 그의 내적인 변화를 모터사이클 여행이라는 소재를 통해서 잘 보여주고 있다. 영화를 보고 나서 나의 꿈 리스트에는 '400cc 이상 급의 오토바이 사서 타기', '나만의 모터사이클 다이어리 만들기'라는 항목이 추가되었다.

내 마음속에서 한 줄기 빛이 비추기 시작했다. '그래, 나도 그와 같은 여행을 하면 지금의 이 공허함에 대한 해답을 찾을 수 있을 거야. 나만의 모터사이클 여행을 지금 만들자!' 그때부터 나만의 '모터사이클 다이어리'를 준비하기 시작했다. 2종 소형면허를 따고 근사한 중고오토바이를 샀다. 안전하게 다녀오기 위해 비싼 돈을 들여 정규교육을 받았다. 틈날 때마다 인근 교외로 나가 모터사이클을 몸에 익혔다. 모든 안전장구와 여행에 필요한 물품을 구비하고 떠날 날을 조율하기 시작했다. 그리고 햇살이 뜨거운 어느 여름날, 나만의 여행을 힘차게 시작했다.

경기도 용인에서 출발해 국도를 타고 내려가 완도에서 배를 타고 제주도를 다녀오는 5박 6일의 일정이었다. 폭포처럼 쏟아지는 비를 맞기도 하고, 한적한 국도를 하늘을 나는 것처럼 내달리기도 했다. 제주도에선 특정 목적지 없이 바다를 따라서 이리저리 다녔다. 게스트하우스에 머물며 철저히 혼자 여행하고 생각하며 책을 읽는 나만의 완벽한 여행이었다.

고인 물을 다시
흘려보내기 위해

그렇게 행복한 여행을 마치고 집으로 돌아온 뒤 다시 생각에 잠겼다. 여행을 떠나기 전에 품었던 나의 물음, '지금 나에게 찾아온 이 공허함의 정체는 무엇인가?'에 대한 답을 다시 고민하기 시작했다. 물론 영화처럼 그 한 번의 여행을 통해 체 게바라와 같은 극적인 변화를 맞이한 것은 아니었다. 하지만 여행 전과는 다르게 내 마음속에 가득 차 있던 공허함이 사라졌다는 것은 분명했다. 곧 아주 단순하지만 중요한 사실 하나를 깨달았다. 그것은 나의 물음에 대한 답이기도 했다.

'아무것도 하지 않으면 아무것도 변하지 않는다.'

너무나도 간단하고 명료한 진실, 하지만 깨닫지 못했던 사실이었다. 공허함의 정체가 드러났다. 바로 내가 썩어가고 있었던 것이다. 물이 고인 저수지처럼 내 인생은 어느 순간 정체되어 있었다. 회사 생활도, 자유로운 혼자만의 삶도 더 이상 나에게 변화나 자극을 주지 못했다. 정성들여 가꾸며 했던 운동과 독서, 글쓰기는 잊어버렸고, 그 공허함을 단순한 쾌락과 소비로만 채웠다. 그렇게 점점 더 가슴의 구멍이 커지고 마음은 썩어가고 있었던 것이다. 그렇다. 나에게 필요한 것은 변화였다. 꿈꾸는 인생을 살기 원하지만 아무것도 하지 않던 나에게 필요했던 것은 변화, 그 변화를 만들어내기 위해 무엇이라도 해야 했다.

그날부터 하나씩 관성을 깨기 시작했다. 책장을 정리하고 읽고 싶다고 생각만 했던 책을 바로 구입했다. 책을 읽고 독서노트를 썼고 다시 일기를 쓰기 시작했다. 꿈 리스트를 체크하고 업데이트했다. 운동을 다시 열심히 하기 시작했고 회사에서는 주어진 업무 외에도 스스로 다른 공부를 했다. 그렇게 고인 물이 흐르기 시작했고 내 마음의 공허함도 흘러나갔다. 마음이 깨끗해지니 새로운 변화들이 찾아들기 시작했다.

지금은 책을 내기 위해 글을 쓰고 있고, 평생의 반쪽을 만나 결혼을 했으며, 세상 누구보다 소중한 아들을 얻었다. 회사에서는 엔지니어 업무를 벗어나 프로젝트 매니저라는 새로운 커리어를 시작했다. 동기들과 팀을 꾸려 사내 창업경진대회에 참가했고 아시아지역의 창업경진대회에 한국지사 대표팀 자격으로 초청받기도 했다. 비록 입상은 못 했지만 회사 임원들과 여러 나라의 직원들 앞에서 나의 아이디어를 발표하며 내 얼굴과 목소리를 각인시켰다. 미래의 전환점을 위한 초석을 다져놓은 것이다. 그렇게 나는 변화하기 시작했고 새로운 것에 계속 도전하며 전보다 훨씬 알차고 활력 넘치는 삶을 살고 있다. 나의 모터사이클 다이어리가 이 모든 변화를 만들어낸 전환점이 된 셈이다.

가슴이 답답한가? 부족한 것은 없는데 마음이 공허한가? 모든 것이 귀찮고 재미가 없는가? 만약 당신도 그러하다면 지금 당장 변화해야 한다는 신호다. 그 모든 관성을 깨버릴 전환점이 필요한 시기다. 다만 그것을 깨닫지 못했을 뿐이다.

전환점을 만들어내려면 가장 먼저 해야 할 것이 있다. '무엇이든 해야 한다'는 것이다. 새로움을 선택하고, 익숙하지 않은 것에 도전하고 경험해야 한다. 그렇다고 돈과 시간을 투자해 멀리 여행을 가야만 하는 것은 아니다. 일상의 작은 것부터 새로움을 만들면 된다. 출퇴근 시간을 조금 달리해보거나 목적지에 도착하기 한 정거장 전에 내려서 걸어가자. 평소에 못 보고 지나쳤던 풍경을 보고 사람들을 관찰해보자. 도전해보고 싶었던 이색적인 운동이나 액티비티가 있다면 바로 시도해보자. 최근에는 인터넷상에서 이색적인 운동이

나 액티비티를 소재로 만들어지는 모임이 많으니 손쉽게 참여할 수 있다.

전환점을
스스로 만들어보자

이사를 해야 하는 시점이라면 새로운 동네로 이사하는 것도 좋다. 수고롭겠지만 새로운 장소에서 살아 보는 것만큼 큰 자극을 주는 것도 없다. 즐겨 마시던 소주 말고 특이한 맥주나 처음 보는 브랜드의 와인 혹은 한 번도 시도해보지 않은 전통주를 마셔보자. 공강시간 혹은 반차를 이용해 혼자 영화를 보고 회전초밥집에 앉아서 마음껏 식사를 즐겨보자. 평소 함께 어울리지 않던 사람들과 밥을 먹고 연락이 끊긴 친구에게 먼저 연락을 해 세상 사는 이야기를 나누어보자.

물론 이런 작은 변화들이 전환점이 되지 못할 수도 있다. 하지만 고여 있는 우리의 몸과 마음을 조금씩 흐르게 만들기에는 충분하다. 관성을 깨는 것이 중요하다. 그 흐름이 유지되면 새로운 마음이 깃들고 진짜 전환점을 만들어줄 그 무언가를 만나게 된다.

사람들은 변화를 두려워한다. 새로운 것에 도전하고 다시 익숙해져야 한다는 것은 자신이 이루어놓은 무언가를 다 포기하고 처음부터 시작하는 것과 같기 때문이다. 그러나 우리가 기억해야 할 것은 그 두려움은 오래가지 않는다는 사실이다. 운동마찰력은 최대정지마찰력보다 항상 작다는 물리법칙을 떠올려보자. 어떤 물건을 밀어서 움직이려면 처음에 그 물건의 움직임을 만들어내는 것이 가장 힘들다. 그러나 일단 움직이고 나면 처음보다 적은 힘으로도 계속 물건을 움직이게 만들 수 있다. 변화도 마찬가지다. 가장 처음 결심하고 새로움에 도전하는 것이 제일 힘들다. 하지만 한번 시작하고 나면 처음 생각보다 힘들지도 않고, 두렵지도 않다는 사실을 깨닫게 될 것이다.

때로는 이런 자신의 두려움을 이겨내는 것보다 더 큰 어려움은 새로움에 도전하려고 할 때마다 주변에서 쏟아지는 비난과 조롱이다. '그거 해봤자 똑같아, 설마 되겠어?', '귀찮게 뭐 하러 그래, 하던 거나 잘해'와 같은 조롱이 주변에서 쏟아지고, 그럴 때면 금방 무너지기 십상이다. 그땐 주변에서 활기에 넘쳐 일상을 살아가는 사람을 먼저 찾아보자. 새로운 것에 도전하기를 좋아하고 변화에 적극적인 사람을 찾아가자. 그리고 그가 하는 것을 함께 해도 되겠냐고 제안해보자. 무조건 당신을 반길 것이다. 당신이 고민하고 주저할 때마다 그 사람이 당신의 변화를 도와줄 것이다. 그러곤 어느 순간 당신도 그와 같이 활기찬 삶을 살기 시작할 것이다.

지금 당장 바꿀 수 있는 것이 무엇인지 찾아보고 바로 결심하고 행동하자. 그래도 안 된다면 계속 바꾸고 새로움에 시도해보자. 그렇게 얻어진 것들이 진짜 당신의 것이다. 그 속에서 당신은 분명 전환점을 맞이하게 된다. 결국 전환점은 누군가에게서 주어지는 것이 아니라 스스로 만들어가는 것이다.

아무것도 하지 않으면 아무것도 바뀌지 않지만 무엇이라도 하면 무엇이든 변한다. 단순하고도 분명한 사실이다. 자신의 삶은 누구도 책임져주지 않는다. 반대로 말하면 누가 도와주지 않아도 스스로 노력하고 행동하면 자기혁명을 이루어낼 수 있다. 그러니 자신을 믿자. 확신을 가지고 스스로 변화를 만들어내고 새로움에 도전하자. 오래된 악습을 버리고 새로운 습관을 만들어보자. 그렇게 노력하는 당신이라면 반드시 인생의 전환점을 만들 수 있을 것이다.

지금 당장 실천하는 굿 라이프
습관은 어떻게 인생이 되는가

1판 1쇄 찍음 2019년 6월 19일
1판 1쇄 펴냄 2019년 6월 26일

지은이 강이든
펴낸이 조윤규
편집 민기범
디자인 홍민지

펴낸곳 프롬북스
등록 제313-2007-000021호
주소 (07788) 서울특별시 강서구 마곡중앙로 161-17 보타닉파크타워1 612호
전화 영업부 02-3661-7283 / 기획편집부 02-3661-7284 | 팩시밀리 02-3661-7285
이메일 frombooks7@naver.com

ISBN 979-11-88167-18-0 03190

이 도서의 국립중앙도서관 출판예정도서목록(CIP)은 서지정보유통지원시스템 홈페이지 (http://seoji.nl.go.kr)와 국가자료공동목록시스템(http://www.nl.go.kr/kolisnet)에서 이용하실 수 있습니다. (CIP제어번호 : CIP2019022098)